カタカムナ

KATAKAMUNA

数霊《かずたま》の超叡智

THE SPIRIT OF NUMBERS

数の波動を知れば、
真理がわかる・人生が変わる！

吉野信子

徳間書店

はじめに——まったく新しい数霊の法則

みなさんこんにちは。本書を手にとってくださってありがとうございます。

本書のテーマである「数霊《かずたま》」とは、いわゆる神道においては言霊《ことだま》と表裏一体とされているもので、数に宿る霊のことです。数にも言葉のように魂があるのです。

現代で数霊と言えば、カバラの数秘術などが有名ですね。日本ではそのほかにも、占いや言葉、名前などを読み解くために、独自の数霊の法則がいくつか広まっています。それらの多くは日本語声音50音の並びを基準にしているようです。

本書『カタカムナ　数霊の超叡智』でお伝えする数霊は、今までに発表されたことのないまったく新しい数霊の法則です。これは、私がカタカムナ文献を研究する過程で発見した数の並びで、カタカムナウタヒ5首・6首に詠《うた》われている「ヒフミ48音」の並びが、そのまま数霊になっているのではないかと気づき、研究を進めたものです。

数霊にもいろいろな方法があるのは当然ですし、従来の数霊の計算方法や、その答えとなる「数」が異なるからといって、どちらかが間違いであるとか、優劣があるとは思いません。

その理由は、少し突飛な例ですが、たとえば、人間をまったく知らない数名の宇宙人が、一人の人間を観察し、人間の形を報告しなければいけないというような場面をイメージしてみてください。

真正面から観察した者と、斜めから見た者、また、足裏から観察した者と、頭上から見た者が、それぞれ人間とはどんな形をしていたかを報告し合うために絵を描いたとします。すると彼らはみな違う形を描くでしょう。視点が違えば、同じ人間でも形が違うのは当然です。数霊の違いもこの例と同じだと言えます。見極めようとする視点が違えば、数霊や言霊は当然、違うものを表現するのです。

本書『カタカムナ　数霊の超叡智』で紹介する数霊は、とても本質をついたもので実生活のあらゆる場面に活かせる数霊の読み解き方法です。読者のみなさんにも、ぜひこの技術を身につけて活用してほしいと思っています。

数は魅力的です。数霊の数は、数学などの数とはまったく違い、言葉によって読み解きます。**「数」の裏には必ず言葉の「音」がある。言葉の「音」には必ず「思念」というその音が表す意味があります。**ですから数を読み解けば、メッセージが浮かび上がってくるのです。数霊を知ると、知らなかったときにはまったく気づかなかった現象がメッセージを伝えてきていることに気づいたりします。

たとえば、ある日、あなたは、あることを考えて車を運転していたとします。そのときにふと前を走る車のナンバーを見ると、その数は、あなたが今考えていたことに対する大事なメッセージを伝えていた……ということもあるのです。すべての現象は必然で起こっています。私たちは普段そのメッセージを見逃しているだけなのです。数の意味を知ると、とっても面白くて、この数霊にはまってしまうこと請け合いです。

反対に、言葉からその数霊を知ることによって言葉の意味を読み解くこともできます。たとえば、人の名前の数霊を知ることで、その人の生きている意味、その人が持つ本質などがわかるようになります。理解できない言葉や外国語、方言なども、その言葉の音が表す数霊を計算し、その数を思念で読み解くことによって、わからなかった言葉の本質が現れてきたりもします（思念表参照）。

つまり数は、宇宙語だと言ってもいいでしょう。どこの星でも、どの世界でも共通で、数を使えば、どんな言葉でもその意味を知ることができるのです。そうして、数霊で、ドンドンいろんな言葉を読み解いていくうちに、実は、人間とは何だ、生命はどうなっている、日本は何をすべきか、地球や宇宙の構造とはなどという現代の科学や最先端の知識をもってしてもわかりえないような事柄が、見えない世界がつながることで、わかってきたりします。

私も、そのようにして、『古事記』に出てくる御神名などを、数霊と言霊で読み解くことで、今までまったく知らなかった世界がわかるようになりました。その知識を、今ではセミナーで全国のみなさんにお伝えしています。

ヨハネの福音書にも、「初めに言（コトバ）があった。言（コトバ）は神であった。この言（コトバ）は、初めに神と共にあった。万物は言（コトバ）によって成った。」と書いてありますが、言葉が神であると書いてある聖書の名前が「ヨハネ＝48音《ヨハネ》」と、日本語の48音を表す数字で読めるのも不思議です。もしかしたら神は、日本語48音という言葉を使って、この世を創世したのかもしれませんね。

私が、カタカムナとの縁を結ぶようになった動機は、若いころの体験に根差しています。私は、国際線の乗務員という立場で、数多くの国を訪れたのですが、退職後に感じたことは、日本はとても住みやすいいい国だという実感でした。何かがほかの国々とは違うのです。何だか、日本人は、人間や生命に対するとらえ方がとても優しい、穏やかである……なぜ日本はほかの国々と比較して、生命に対するとらえ方がこうも違うのだろう？何が日本の源にあるのだろう？　この違いを生み出す原因が解明できれば、もしかしたら世界を平和にする方法が見つかるかもしれない……と何だかそんな気がして、私はその答えを長い間、探し求めていたのでした。

そうして行き着いたのが、公式にはまだその存在が認められてはいませんが「カタカムナ」という日本にあったと言われる古代文明だったのです。カタカムナ文明から伝えられたものは、現在、唯一「カタカムナ文献」と言われている「カタカムナウタヒ80首」しかありません。これは短歌や俳句などで使用されている五・七調で詠われている歌で、幾何学的な古代文字が渦巻き状に描いてあるのです。この世のすべてが渦である……というメッセージがそこから伝わってきます。

私は、その日本の古代文字で表現されたカタカムナ文献の80首のウタを何としても読み解きたいと思いました。もし読み解くことができれば、私が探し求めてきた日本の特殊性の原因を発見でき、世界を平和にする方法が見つかるかもしれません。

その文献、「カタカムナウタヒ80首」の中の5首、6首には、日本語の48音が、ひとつも重ならず描かれていました。もしこれが、日本の上古代と呼ばれる時代に本当に描かれたものの写しであるのなら、これが48音を表した最古の日本語の源である可能性があります。それにその日本語48声音は、日本人が今でも使っている数詞「ヒ・フ・ミ・ヨ・イ……」という「一・二・三・四・五……」の数を表現する並びになっているのです。

5首： **ヒ**[1]**フ**[2]**ミ**[3]**ヨ**[4]**イ**[5]　**マ**[6]**ワ**[7]**リ**[8]**テ**[9]**メ**[10]**グ**[11]**ル**[12]　**ム**[13]**ナ**[14]**ヤ**[15]**コ**[16]**ト**[17]　**ア**[18]**ウ**[19]**ノ**[20]**ス**[21]**ベ**[22]**シ**[23]**レ**[24]　**カ**[25]**タ**[26]**チ**[27]**サ**[28]**キ**[29]

6首： **ソ**[30]**ラ**[31]**ニ**[32]**モ**[33]**ロ**[34]**ケ**[35]**セ**[36]　**ユ**[37]**ヱ**[38]**ヌ**[39]**オ**[40]**ヲ**[41]　**ハ**[42]**エ**[43]**ツ**[44]**ヰ**[45]**ネ**[46]**ホ**[47]**ン**[48]　**カタカムナ**

意味：　これら48音の響きが、物質・生命体＝カタの、
その見えないチカラの広がり＝カムの、核＝ナから出ています。

まさしく、数と言葉の融合です。しかし、いくら私がカタカムナの古代語を読み解きたくても、言葉の意味は理解できないので、その音が表す意味を知ることで読み解くしかありません。幸い、この文献の発見者である楢崎皐月氏の長年にわたる研究によって、80首をどのように発音するかという重要部分がわかっていました。解読に必要なことは、この48音、ひとつひとつの音の意味を知ることです。それから毎日、1音ずつの意味をひたすら考え始めました。「ヒ」とは何か？「フ」とは何か？……参考となる本にはまったく頼ることなく、固定観念をすべて捨て去り、一から考え始めました。幸い、天からたくさんのひらめきを頂き、数カ月後には48音の思念を発見することができ、私はそれをわかりやすいように一覧表にまとめた思念表を考案したのでした。

これがすべての原点になりました。

その思念表で言葉を読み解き、矛盾が出てきたら徐々に修正していけばいいと思っていましたが、読み解けど読み解けど矛盾は見つかりません。それどころか、思いもよらない言葉の本質が、次々と浮かび上がってきます。そのうちに、この思念表を使って、この5首・6首自体を読み解いてみようと思いました。はじめは、「ヒ・フ・ミ・ヨ・イ……」とはただの音の羅列にすぎないと思っていましたが、1音1音を思念表の意味に置き換え、自然な日本語として読み解いていくうちに、この5首、6首のウタはつながって、宇宙の始まりから、人間の生命の誕生までを順番に描いていることがわかりました。びっくりです！

この48音の順番に宇宙が生まれ、人間が生まれた？　もしかしたらこの言葉の順序が、そのまま数霊になっているのかもしれない……とひらめいて、言葉をその順番の数に置き換え、足してみました。たとえば、「夢（ユメ）」という言葉を、まずは思念で読むと「湧き出て指向するもの」とぴったりです。次に数霊を計算してその数を読んでみます。「ユメ→37＋10＝47」になります。「47」は「ホ＝引き離す」です（読み方、計算方法については第2章にて解説します）。

「引き離す」の語尾を少し変えて動詞から名詞にすると、数霊でユメとは「引き離れたもの」となります。夢とは現実から引き離れたものを思い描くことですね。ぴったりと夢の本質を表しています。
以降、いろいろな言葉を、数霊と思念で読み解き、意味を比較してみましたが、矛盾がありませんでした。それどころか、言霊で読み解いても意味がはっきりしなかったものまで、数霊ではクリアーな意味が浮かび上がってきました。数は宇宙共通。その意味で同じ音であれば、日本語だけではなく、あらゆる言葉にも通じるはずです。日本の方言やアイヌ語、記号、いくつかの外国語などでもこの数霊を試してみましたが、すべてに矛盾のない意味が出てきました。ただし、読み解きを、どうとらえ、解釈するのかに関して少し難しいところがあります。

正しく読み解くには、やはり直感力と感受性が必要です。しかし、この読み解きの練習を積み重ねることで、その直感力と感受性は徐々に鍛えていくことができます。数霊、言霊の読み解きは、直感力を高め、感受性を豊かにするとてもいい方法なのです。何事も修業！　時間はかかりますが、どうかあきらめないで、さまざまな数霊の読み解きを続けてみてください！　必ず、「すごい！」と感じるときが来るはずです。

この本を書くにあたっては、たくさんの数霊の例が必要だったため、私のカタカムナセミナー参加者に、各自が読み解いた数霊のデーターを教えていただきたいとお願いしました。すると、「ポケモンGO」というゲームが流行《はや》っていた時流に乗って、「数霊GO！」と題して、1カ月あまりでたくさんの数霊例を集めていただきました。それらが、この本を執筆するにあたりとても役に立ちました。ご協力いただきましたみなさまには、感謝の気持ちでいっぱいです。ありがとうございました！

なお、本書だけでも数霊の読み解きができるよう心がけて解説しましたが、より深く理解し感覚を磨くためにも私の前著『カタカムナ　言霊の超法則』をあわせてお読みいただければいっそう効果的だと思います。

今は地球が大きく変化し、歴史が生まれ変わろうとする時代です。

言葉や数に関する感覚を磨くことは、夢を実現する大きな武器になります。

さあ、それでは、カタカムナ数霊の超叡智とはどんなものか、探求の旅を始めましょう！

拙著が、少しでもみなさんの叡智《えいち》を開く、お役に立つことができ、その開かれた叡智がいつか、日本の叡智となり、世界に輝きを放つことで、世界が新しい平和文明への扉を開く日が来るのではないかと、私は大きな大きな夢を抱《いだ》いています。
巻末につけている言霊思念表、数霊思念表を見ながらついてきてくださいね！

２０１７年１月11日

吉野　信子

第3章　数霊で読み解こう！　重要な言葉や名前

第4章 数霊の多様な読み解き方法

第5章 カタカムナで読み解く十二支の意味

第6章 カタカムナ48音の数霊が伝えるメッセージ

第7章　本質を知るとすべてが変わる

第1章

カタカムナの数霊と言霊とは

カタカムナ文明とは何か

　カタカムナ文明について、現在までにわかっていることはあまりありません。遺跡が発掘されたこともないので、史実として認定もされていません。しかし、現在に伝えられた「カタカムナ文献」をひもとくと、その内容の深さに驚くばかりです。またその独特の文字は、美しい幾何学模様で、それが右廻りの渦状に描かれています。これを後世の人間が偽造したとはとても考えがたく、すべてを読み解いてその内容が解明される日が待たれます。

　日本の歴史の始まりは、諸説ありますが、日本の天皇制が、神武天皇から始まっていると仮定すると、２６００年以上も続く、世界最古の国家だということになります。

　また、日本人に関しても、近年のＤＮＡ技術の発達により、さまざまな事実が明らかになってきています。たとえば、ドイツの研究チームが「絶滅したと思われていたネアンデルタール人にもっとも近い遺伝子を持っていたのは日本人であり、日本人が世界最古の人類に近い」と２０１６年１月に発表しました。

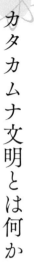

ほかの研究では、母系遺伝子を伝えるミトコンドリアDNAを追跡調査した結果、人類はアフリカから誕生したとされていますが、その根元のほうにあたるグループが、日本人の中に存在していたことがわかったそうです。

日本人は父系に受け継がれるYAP遺伝子という特殊な遺伝子を持っているとも言われています。また、近年の研究で、海藻を消化できる遺伝子を持っているのは世界中で日本人だけだということもわかり、日本人が、とても古い、また変わった進化を遂げた人種であったことが、次々と明らかにされてきました。

これらの遺伝子情報から総合的に判断すると、日本人のベースは、地球上に、とても古くから存在する人種（縄文人）であり、長い歴史の過程で、古いベースの日本人の血が、たくさんの民族の血と徹底的に混ざり合った結果、人種の垣根が壊され、新たな日本人として進化していったのだと考えられます。また、言語的には、各地に方言は残っていますが、「日本語」という同一言語を話す国家であるとも言えます。

カタカムナ文明とは、そのような歴史的背景を持つ日本に、上古代から存在した、アシア族という民族によって生み出された文明だと言われます。そして彼らの言語は、今の日本人が話している日本語声音の「48音」を使っていた。これはカタカムナ文献によって明らかです。そうなると、日本語を生み出した民族が、「カタカムナ人」だった可能性があります。私たちの血の中にある、古くから存在する縄文人のルーツをつなぐ遺伝子とは……もしかしたら、カタカムナ文明を築いた「アシア族」だったのかもしれません。

日本人の祖先かもしれないアシア族は、もちろん国家という観念がなく、国境もなく、パスポートも必要なかった縄文以前、行くことができれば、気の向くままにどこにでも広がって住んだことでしょう。日本という島国を離れ（当時も日本が島国であったかは不明ですが）、広くアジアへと移り住んだ可能性があります。もしそうだとすると、ここで不思議な一致に気がつきます。それはアシア族が移り住んだであろうアジア大陸のことを、なぜ「アジア」と言い、英語では「Asia＝アシア」と書くのでしょうか？　ただの偶然の一致でしょうか？　アジアの語源がどこから来ているのかは不明ですが、なぜかそこに私は、カタカムナ文明からやってきた「アシア族」の人たちの痕跡を感じるのです。つまり、日本人の祖先です。

そんなはるか昔の日本に存在したというカタカムナ文明は、長い間、人々からまったく忘れ去られた存在でしたが、1949年に、兵庫県六甲山系の金鳥山付近で、突如、姿を現します。

楢崎皐月という科学者が、そこで、平十字《ひらとうじ》と名乗る猟師風の人物から、カタカムナ神社の御神体として、代々受け継がれてきた巻物を見せてもらいました。

その巻物に描かれた書体は、楢崎氏が以前満州で聞いていた、「八鏡文字《はっきょうもじ》」を連想させるものでした。彼は、ある人から、日本のはるか昔に存在したその文字を使うアシア族は、高度な鉄技術を持っていたと聞いていました。当時、満州で鉄の技術者だった楢崎氏は、その話にとても興味を持ったのでした。楢崎氏は、平十字氏から巻物を見せてもらうや否や、即座に書写させてほしいと願い出ました。

平十字氏は承諾し、毎晩、その御神体を持ってきてくれたそうです。そうして楢崎氏は20日間かけて、この御神体を書写したのでした。それが唯一、現在に残されているカタカムナ文献と言われる、幾何学模様のような文字が、80篇の渦巻き状に描かれたものだったのです。

その後、長年にわたる研究の末に、読み解いたところ、「カタカムナ」というものが、すべての根源であると書いてあることがわかったので、この文献を「カタカムナ文献」と呼び、この文明を「カタカムナ文明」と呼ぶようになったのでした。その文献の80篇のウタヒには、日本語の48音が描かれていました。

また、すべての渦巻きの中心図象として、3種類のマークが記されています。1つ目は「八咫鏡《やたのかがみ》」図象、2つ目は「フトマニ（草薙剣《くさなぎのつるぎ》）」図象、3つ目は「ミクマリ（勾玉《まがたま》）」図象です（詳しくは拙著『カタカムナ　言霊の超法則』をご覧ください）。

この3つが奇しくも天皇家の「三種の神器」と同一であるということは、いったい何を表しているのでしょうか？　天皇家には、どのような経緯かはわかりませんが、カタカムナの言霊が形を変えて、受け継がれてきている可能性があるのではないでしょうか。

もうひとつ特筆すべきは、カタカムナ文献と言われる「カタカムナ　ウタヒ80首」の中には、日本の最古の歴史書とされる『古事記』の「上巻《かみつまき》」に出てくる神さまの名前が、ほとんどその順序で、天照大御神《あまてらすおおみかみ》の天の石屋戸《あまのいわやと》開きのところまで、出てくることです。日本の神話の原型とされている『古事記』の創世記にかかわる神の名は、カタカムナの時代から引き継がれてきたものだったのでしょうか？

カタカムナとはいったい何か？　それはこれから読み解く過程で徐々に明らかになって

いくでしょうが、これまで読み解いた内容から確信を持って言えることは、彼らが崇拝した最高神は、「命《いのち》」だったということです。これは、カタカムナウタヒを読み解くとすぐにわかります。

そしてカタカムナは後に古神道へとつながって、現在の神道に原型を残していると思われます。なぜなら、神社の形と、命を祀《まつ》るカタカムナの形はとてもよく似ているからです。神社の宮とは、子宮のこと。宮に至る参道とは産道のことです。そして鳥居とは、赤ちゃんが産み出される会陰《えいん》をかたどったものだと思われます。

私が、本書「はじめに」の中で述べた、日本人が持つ、「生命や人間に対する、優しさや、穏やかさ」は、やはり忘れ去られていたカタカムナから由来し、今も日本語と神道を通して、日本に脈々と受け継がれているのではないでしょうか。

なぜカタカムナ48音の並びが数霊なのか

1949年に六甲山系の金鳥山付近で、カタカムナを最初に発見した科学者、楢崎皐月氏が、平十字と名乗る不思議な人物から書写させてもらった、カタカムナ文献には、80首

のウタが、幾何学模様のような文字で、右渦巻き状に描かれていました。その中の第5首、第6首をつなげて読むと、

5首：「ヒフミヨイ　マワリテメグル　ムナヤコト　アウノスベシレ　カタチサキ」
6首：「ソラニモロケセ　ユヱヌオヲ　ハエツヰネホン　カタカムナ」

この2首のウタには、日本語の48声音が、最後の「カタカムナ」を除くと、1音も重ならず詠われていました。ここまではお話ししましたね。

これがカタカムナの「ヒ・フ・ミ（一、二、三）のウタ」です。神道にはもうひとつ「ヒ・フ・ミ（一、二、三）のウタ」がありますが、それとは音の並びがまったく異なっています。

カタカムナ文明が、言われている通り、日本の上古代に存在したことが歴史上の事実だとしたら、**日本語の48音が最初に表されたものが、このカタカムナの「ヒフミのウタ」だということになります。**そしてこの48音は、日本人が古くから現在まで、数詞《すうし》として使ってきた音、「ヒ・フ・ミ・ヨ・イ……＝1・2・3・4・5……」で始まっている。

日本語の48音を表す並びは、そのほかにも「い・ろ・は・に・ほ・へ・と……」のいろは順や、「あ・い・う・え・お……」などのあいうえお順がありますが、どちらも数詞ではありません。言霊と数霊をつなげる並びがあるとしたら、それは「ヒフミのウタ」と呼ばれる48音の並びだと言えるのではないでしょうか。神道に伝わるもうひとつの「ヒフミのウタ」も、もちろん、数霊と関係があるでしょうが、カタカムナの「ヒフミのウタ」が言霊と数霊を結びつけている可能性はあります。これが、カタカムナの「48音の並びが数霊である」という、ひとつの根拠です。

また、2つ目の根拠は、カタカムナのヒ・フ・ミ（一、二、三）のウタ48音を、続けて思念で読んでみた結果、その音の順番が、**宇宙の始まりから、地球が生まれ、生命が発生し、生死を繰り返して、やがては人間が誕生するまで**を描いていることがわかったことです。この順序で、すべてが始まり、生命が始まっているとすれば、この並びそのものが、数霊の並びなのではないか？　と強く感じました。そこで、いろいろな言葉をこの数の並びで計算し、思念で読み解くことを始めたのですが、すべてが意味のあるメッセージを示していました。この研究をさらに進めたものが、この本でお伝えする数霊の法則です。

最後に、なぜ、48音が第5首と第6首に分けて表されているのか？　という謎です。第5首の「5」は48音では「イ」になり、第6首の「6」は48音の「マ」になる。続けて読むと「イマ＝今」となります。この48音の言霊は、「今という一瞬の中に響いている」というメッセージが受け取れます。これが3番目の根拠です。何首目かという数が、その歌の内容とぴったりと引き合っているのです。

ここで「今（イマ）」とは何か？　ということについて少しお話ししたいと思います。

この世のすべては陰陽（マイナス＝凹、プラス＝凸）で成り立っています。

イマのマ＝真・間とは、その陰陽のどこにあるのか？　といえば、陰＝凹と陽＝凸が統**合する陰凹の中の引っ込んだ空間にあります。ここを陰（イン）の間（マ）、つまり「イマ＝今」と呼びます。**ここが陰陽（凹凸）が重なり合い、統合する（十）場所です。ここから48音が響いているのです。

カタカムナウタヒの第1首には、

カタカムナ　ヒビキ　マノスベシ
アシアトウアン　ウツシマツル　カタカムナ　ウタヒ

とあります。

大まかな内容は、「カタカムナの（48音の）響きは、「マ＝真・間」という空間から出ています。アシアトウアンが、それを（日本語の中に）写し取りました。それが、カタカムナのウタヒ（80首）です。」といって、ウタヒが始まっています。

話は、「数霊」から少し外れますが、せっかく、第1首を引用したので、最後まで解読しましょう。

そのマ（陰の間＝今）から出ている48音を、「アシアトウアン」という人？が、（48音を使用している日本語の中に）写し取ったと書いてあります。アシアトウアンとはいったい誰でしょうか？　個人名なのでしょうか？　思念表を使ってアシアトウアンを読み解くと、

アシアトウアン　↓　命の示しを感じて、統合を生み出そうと強く感じるモノ

また、カタカムナは濁音がないので濁音も清音で表します。アシアを、先ほどつながっているかもしれないとした「アジア」ととると、

アジアトウアンとは、アジアの、統合を生み出そうと強く感じるモノ

となります。思念で読むと、その本質が現れてきます。何だか聞いたことがある言葉ですね！「大東亜共栄圏」……言い換えるとこの言葉と重なるものを感じます。第2次世界大戦後、この言葉は侵略の意味とされてしまいましたが、当時のアジアの状況を考えると、何としても西欧の植民地化を避けたい日本人の思いが、遠い日本人の祖先、アシア族のDNAを蘇《よみがえ》らせたのではないかと私は思っています。これが日本人の祖先「アシア」族、つまり「アシア」を思念で読むと、「生命の示し感じる人たち」。そして第1首に登場する「アシアトウアン」と呼ばれる人、あるいは人たちの本質が、「アジアに生きている生命を感じ、ひとつに結ばれたいと強く感じている人たち」ということになります。

カタカムナの存在が本物なら、これが日本人の祖先です。この時代、アジアとは、今で言うと「世界」を表す言葉だと言っていいかもしれません。

つまり「世界に住む生命の示しを感じて、ひとつになりたいと強く感じる人たち」です。これはアジアや世界の覇権を取りたいというような覇権主義を指しているのではなく、あくまでも生命を大切にしたいという思いを強く持って、あなたと私はひとつだという意識を生み出そうとする人たちだということが、思念から感じ取れます。私はこの第1首がとても大事だと感じています。日本が古《いにしえ》から倭国《わのくに》と呼ばれ、大和の国（ヤマト＝大きな平和と書く）と自らを称してきた日本人の本質が、この第1首に表されているような気がしてなりません。

カタカムナの48音を解説

カタカムナウタヒ5首・6首の並びで、日本語48声音の思念、そして数霊の基本的概念を簡潔に説明したいと思います。48音もあるので、簡潔に表そうとすると、少し説明が足りず、読者の方々は難しく感じるかもしれませんが、時間をかけてご自身で読み解く練習を重ねるうちに、徐々に理解が深まっていくものです。理解には少し時間がかかるものだと思ってください。

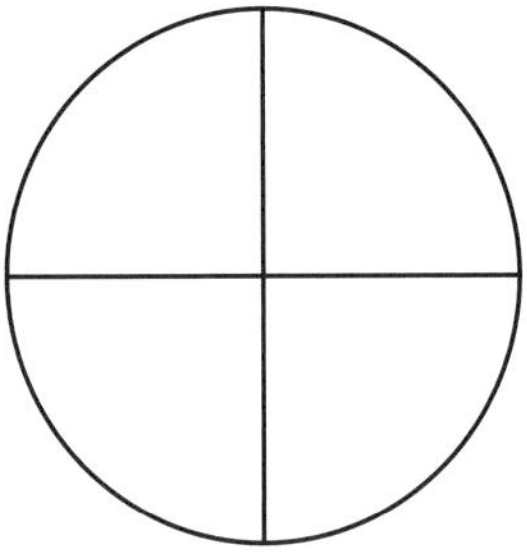

カタカムナとは、○に十の字ですが、○とは、内側の世界と、外側の世界を分ける境界線、つまり「内」と「外」を作り出すものです。これは1次元の線（ひも）が結びついて円を作っているのですが、宇宙は実は1次元（ヒ）からできている。という意味です。すべては1次元がつながり、振動し、回転し、移動して、2次元、3次元、4次元空間を作り出しています。そして円の中の十字は実は交差していません。ここには人間の子宮にあたる空間が存在し、物質を作り出しています。時空間を溜《た》めては出し、溜めては出しをしていて、メビウスのヒネリが、開いたり閉じたりしているのです。開いたときには、エネルギーが放出され、トーラスの機能が発揮されます（ベクトル平衡体

弁が閉じたとき
（正八面体）

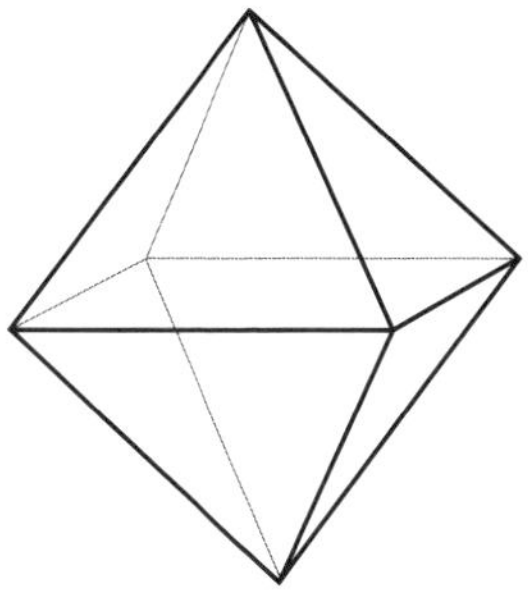

弁が開いたとき
（ベクトル平衡体）

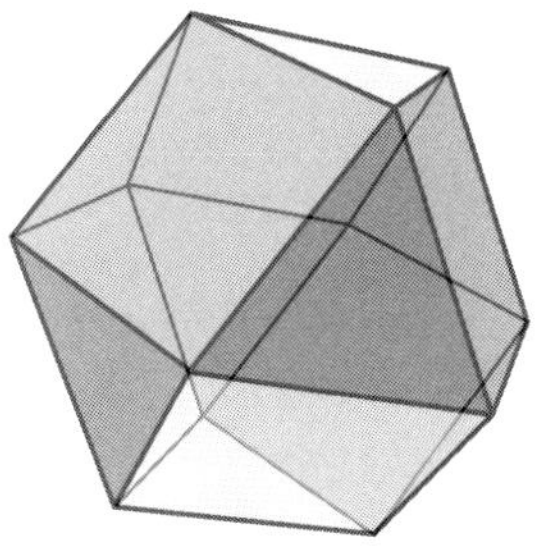

の形）。閉じたときには、振動が充電されます（正八面体の形）。これがカタカムナにあるセントラルサンとして、現象粒子を生み出し、時空間を作り出している。３次元は、実はこの中心で生まれています。**すべての現象と物質は、生命体の核である、このカタカムナから出ているのです。**詳しく説明するとなると、カタカムナとは何か？　という世界観を把握していなければなかなか理解できない深遠な内容となりますが、数霊の世界では、生命体の核をカタカムナと言い、そこがすべてを産み出す中心だと理解していただければいいと思います。

また、「ヒ・フ・ミ・ヨ・イ・ム・ナ・ヤ・コ・ト」と私たちが昔から使っている「１・２・３・４・５・６・７・８・９・10」を表す数詞を、「次元数」と呼びます。

宇宙は10次元でできているようです。10次元といっても、10となった途端にメビウスの反転が起き、「10」は「01」となり、実質「1」となって一段階上の1次元に戻ってしまいます。一段階上と言いましたが、10で1に戻った1次元と、最初の1次元とは同じものではありません。螺旋《らせん》状態で同じ方向にある一段上です。押し出され、確かに前に進んでいるのです。10になると途端に1に戻るので、数字上、実質は「9次元」で回っていると言えるでしょう。しかし、10になる次元がなければ、1も生まれません。10次元とは、9から、ゼロを通過して1になることだと考えてくださってもいいと思います。

少し難しいかもしれませんが、もう少し説明しますと、9から10になると、10は「1と0」と書きますね。ここで1と0（ゼロ）が生まれます。ゼロとはプラスとマイナスが裏返ってメビウスの反転を起こすところなのです。そのゼロの輪っか（◯）の中を1が反転しながら通過すると考えてください。すると10の「1と0」は、01＝1の「0と1」となり、実質「1」に戻りますね。1に戻るといっても、時間は常に進んでいるので、コイル状に前に進んだ同じ方向に来ると言ったほうがいいでしょうか。厳密に言うと、先ほどは、宇宙は10次元でできていると言いましたし、また、実質は9次元だと言いましたが、数字

11次元図
0で10→01に裏返る

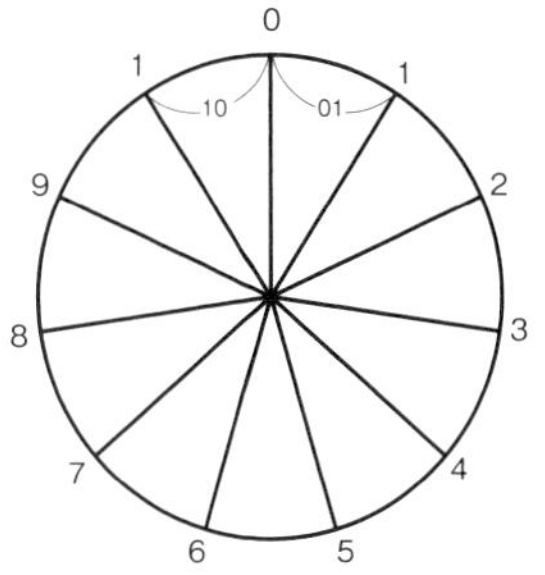

11次元中、外に8次元あり、
内側に0・9・10次元が隠されている。
9次元、10次元（10＝1+0）そして
←10次元が裏返って1次元となる
10次元＝1次元（01＝0+1）

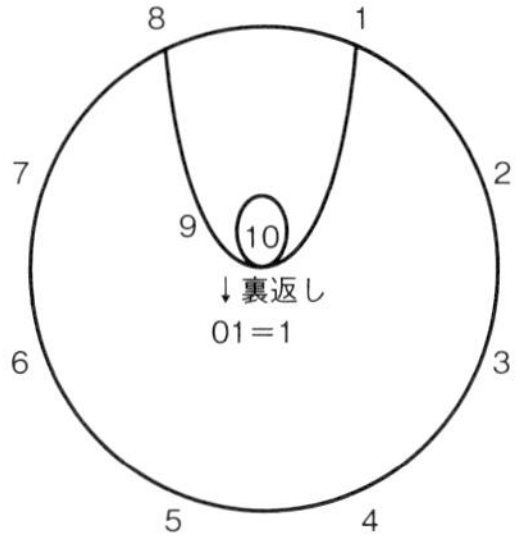

注：上の右図は、外は8次元の八咫鏡、中はメビウスの反転を起こす次元であるカタカムナの「0910」の3次元が核として隠されている図です。左の図は、わかりやすいように、中に落ち込んでいる部分を伸ばして11次元を輪として描いたものです。

的に重なる部分とゼロの次元をすべて考慮に入れると、厳密には、0次元から10次元までの「11次元」で、できていると言えるのです。ゼロは反転の次元です。このカタカムナの11次元数は、現代の最先端科学「超ヒモ理論」の次元数と同じです。カタカムナも1次元は「ヒ」から始まっています。これは1次元の「ヒモ」、つまり「ヒが漂う（モ）」次元から始まっているということです。そして、「今」というこの一瞬にはこの11次元すべてが同時に存在します。なぜなら「イマ」の数霊を計算すると「5＋6＝11」になりますね。

11次元ある中の「カタカムナ（核）」の次元は3次元、言葉で表すと、0＝空間という意味で「間（マ）＝0」、9は「コ」、10は「ト」となり、言霊で言うと、カタカムナの核には「マコト＝真・誠」が隠されているということになります。真とは、真実のこと、そして、誠とは、漢字を破字にしてみると「言うことが成る」と書きますね。まさに、このカタカムナで言霊が現象化するのです。

また、数詞を表す音、1（ヒ）、2（フ）、3（ミ）、4（ヨ）、5（イ）、6（ム）、7（ナ）、8（ヤ）、9（コ）、10（ト）を次元数と言います。そして48音の順番を表す1（ヒ）2（フ）、3（ミ）、4（ヨ）、5（イ）、6（マ）、7（ワ）、8（リ）、9（テ）、10（メ）と続く数を数霊数または言霊数と言いますが、理解しやすいように、ここからは数霊と呼びます。この数霊のヒ（1）からメ（10）までは次元数の思念と引き合っています。**引き合っているとは、次元数の意味も、数霊の意味も、両方の意味をとるということです。**

「ヒ・フ・ミ・ヨ・イ」までは、両方が共通なので、問題はありませんが、「ム・ナ・ヤ・コ・ト」の数字が重なる部分は少し注意が必要です。この部分は次元数と数霊が、違っているので、どちらかの数字が出たら、両方の思念の意味を含んでいると考えてくださ い。つまり「ムは、次元数で6であり、数霊では13」・「ナは7であり14」、「ヤは8であり15」、「コは9であり16」、「トは10であり17」なので、それぞれ2つずつの意味を持っていると考えます。たとえば数霊の9が出たときは9のテの意味と16のコの意味を両方持っているのです。しかし、表現上は、ひとつに絞り、よりしっくりくる表現で簡潔に読み解いたほうが、わかりやすい場合が多いです。読み解くときはどちらか一方に決めるか、それとも両方説明するか、臨機応変に考えてください。しかし、一方しか使わなかった場合でも、ムナヤコトの言霊が、次元数と数霊の両方の意味を持っていることには変わりないので、両方の思念を持っているということを念頭に置いて、表現してくださいね。まとめてみると、次のようになります。

次元数6（数霊13・ム）は、数霊6のマと引き合う（13／6）
次元数7（数霊14・ナ）は、数霊7のワと引き合う（14／7）
次元数8（数霊15・ヤ）は、数霊8のリと引き合う（15／8）
次元数9（数霊16・コ）は、数霊9のテと引き合う（16／9）
次元数10（数霊17・ト）は、数霊10のメと引き合う（17／10）

それでは次に、48音の数霊を簡潔に説明していきます。巻末に入れてある私が考案した思念表を見ながら読み進めてください。一度読んだだけではわからないかもしれませんが、繰り返し読み解きをするうちに、数が持っている本質的な意味が感じられ、数霊の思念の感覚が深まってくると思います。

「ヒ」数霊1（次元数1）——根源から出る・根源へと入る

カタカムナの48音は、次元数1の「ヒ」から始まっています。これは、**すべてがヒ＝1次元のヒモであることを示唆しています。**宇宙はヒモからできているという「超ヒモ理論」と同じかもしれません。

ヒモが描いたトーラスの内か外のどちらにいるかで、「根源から出る」か、「根源へと入る」かが決まります。普通、最初は根源から始まるので、優勢なのは、「根源から出る」のほうですが、トーラスとは永遠循環する装置、出たものは、また

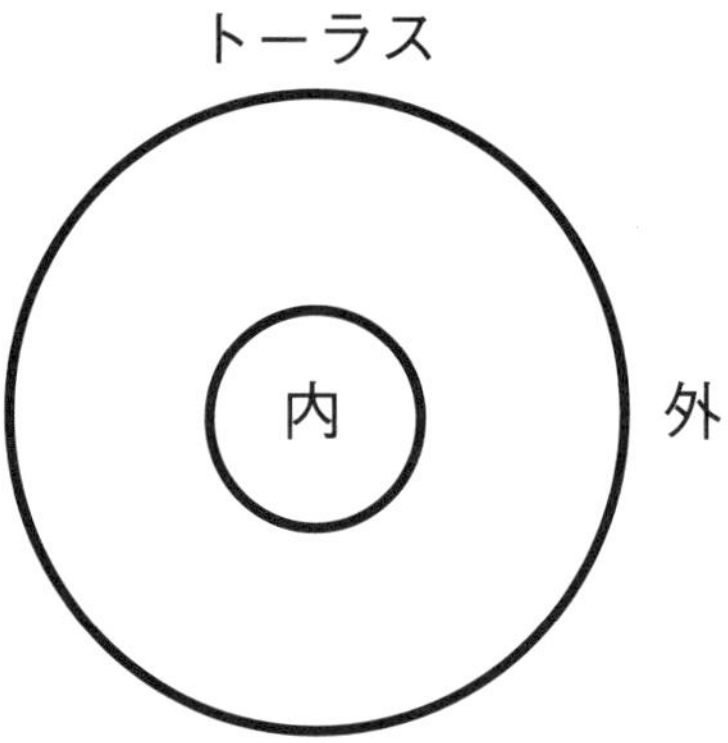

必ず入っていくので、たとえどちらを使っても間違いにはなりません。

「フ」数霊2（次元数2）——増える・負（＝振動）

先ほど、すべては1次元のヒモからできていると言いましたが、実はじっとしているヒモはありません。すべてが振動しています。たくさんのヒモが縦横につながって振動すると、それは共振を起こし、2次元の膜になります。この意味で、**宇宙のベースは2次元でできていると言えます。この2次元の膜のことを、カタカムナでは「アマ＝天」と呼んでいます。「あらゆるところの間」という意味で、アマとは「すべて＝宇宙」という意味です。**

フの概念は「増える・負」両方です

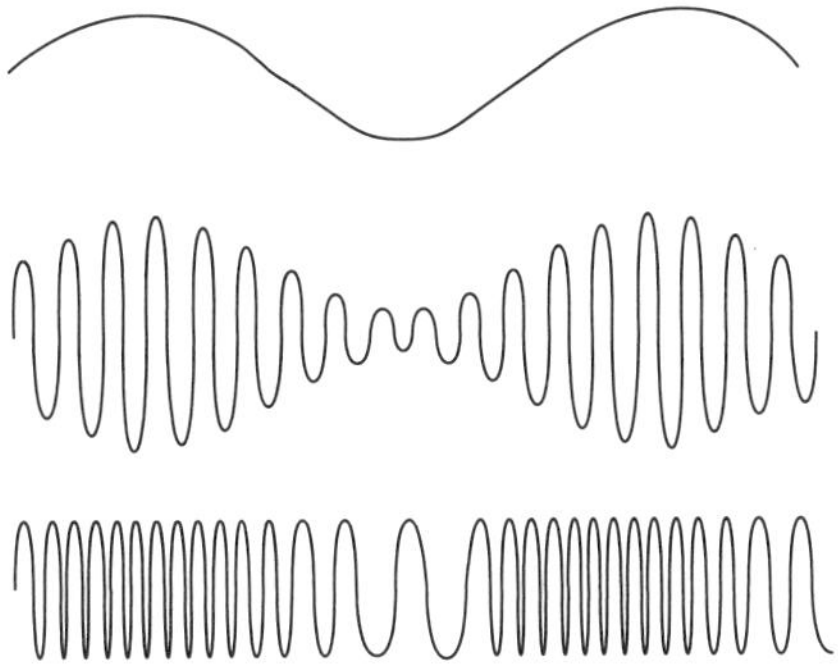

この意味で、カタカムナは、超ヒモ理論であり、同時に、膜理論とも言えるかもしれません。膜理論は「M理論」とも呼ばれているそうです。まさに「M＝間＝マ」です。フの思念「増える・負」とは、まるで真逆のことを言っているようですが、宇宙は常にゼロに戻ろうとしてエネルギーが動いています。増えた現象の隣には、必ず減っている部分ができているのです。増えたところを見ると増えたと思うし、減ったところに視点をやると減った（負）と見ているだけなのです。常にこの2つが1セットなので、「フ＝2」を「振動」と訳すこともできます。

「ミ」数霊3（次元数3）――実体・光

フ（二）が回転しだしたものです。空間ができます。

すべての物質・身体は「光」でできていることは科学的にも証明されているようです。物質を作っているものが光の空間「ミ」なのです。故《ゆえ》に、「身＝ミ」とは光であり、実体と訳します。そしてその光は自身の根源から生まれています。また、ミは数字で「サン＝三」と言いますね。

思念では、同じ声音は同じ思念と本質を持ちます。それは英語であろうと同じ。太陽のことを「SUN」というのは、太陽が光の源だからです。それに私たちが、お互いの名前に「～さん」とつけて呼び合うのも、相手が光の存在であり、それぞれの中心には光の根源「太陽」が存在することを暗に示しているからでしょう。言葉とは、人間が理解して作っているものではなく、本質から湧いてくる振動が、そう呼ばせていると考えるほうが正しいと思います。だからすべての言葉は、ある一定の法則に従って読み解くことができるし、一定の法則である言霊、数霊を持っているのです。

「ヨ」数霊4（次元数4）――新しい・陽

ヨ（四）は、実はミ（三＝光）と同じものですが、回転しながら振動し、動き出すエネルギーを持っています。つまり光が励起《れいき》し移動を始めるのです。黄泉《よみ》の世界とは、肉体のない霊の世界とされていますが、数字では「4・3＝ヨ・ミ」で表されます。これは激しく振動する光という意味で、振動している陽はトキのエネルギー、つまり生命エネルギーを表します。「トキ」は常に新しくなります。ということは、命は、次々と失われていくものだという意味でもあります。

「イ」数霊5（次元数5）——伝わるモノ・陰

「イ＝伝わるもの・陰」とは、振動し、回転し、移動する光である陽（ヨ）のトキのエネルギーが、その動きの中で作り出す空間のことです。陽は、激しく動く光ですが、光も実は宇宙の膜（アマ）から離れることができません。膜の上を振動しながら滑っていくだけですが、その動きが、宇宙の膜を押し広げ空間を作り出します。その押し広げられた膜で覆われた空間を「伝わるもの」あるいは「陰」と呼び、これは実際に現象化した粒子となります。しかしこの段階では、まだ核を持つ原子ではありません。その前段階です。この膜で覆われた陽のエネルギー空間を、カタカムナでは「トコロ」と呼びます。陽のエネルギーのトキと、このトコロのペアーを時空間と呼び、陰陽と呼んですべての物質・生命体の元であるとみます。実はこの空間である陰が本当の神だとカタカムナで言っているのです。すべては素粒子から宇宙まで、相似る形（相似象）なので、人間もひとつの時空間（陰陽）ととらえることができます。空間とはエネルギーを入れる容《い》れ物《もの》のことですが、人間の生命エネルギーの容れ物は肉体です。肉体は命がなくなると滅びゆくので、生命エネルギー（陽）が作り出した陰《かげ》と言えるのですが、しかしこの陰が、命の循環を作り出すトーラスの本体になっているのです。肉体があるから、陽の生命エネルギーは循環するのです。そして、その陽の命の脈動を伝えているものがこの膜で覆われた容れ物、つまり身体なのです。身体（物質）は陰なので一瞬一瞬、滅んでいきますね。カタカムナではこの「滅びゆく身体こそ神」とみています。……だから必ず失う「今」という一瞬に生きなさい！　というのです。「5＝イ＝身体」こそ、人間が持ちえたかけがえのない「神」。日本人の命に対する優しさは、この考え方が基本となっているのだと思います。

「マ」数霊6　――受容・需要

マとは、陰の中にあいたトーラスの穴（膜の欠損）のことです。すべてを受け入れるので「受容」という意味があります。生命を受け入れる容れ物であり、命を生み出す子宮の役割をするところでもあります。実はこのトーラスは、2つの三角錐がマカバ構造になり、逆回転することによって作り出されています。その1対の逆三角錐が嚙み合わさった（平面で書くと六芒星《ろくぼうせい》の中の六角形）部分が、±ゼロの「マ（受容・需要）」と呼ばれる空間です。「マ」は、次元数6で数霊13の「ム（広がり）」の思念も含むので、「受容する広がり」という意味があります。このマは、開いたり閉じたりします。

「ワ」数霊7 ――調和

統合する中心部分は調和の空間になっています。調和とは、2つ以上のものが、ひとつとして機能することを表しています。この2つのものとは陰と陽のことで、調和とは統合したものが、ひとつとなり抵抗をなくすこと……つまりつながってエネルギーがよどみなく流れ出すことです。

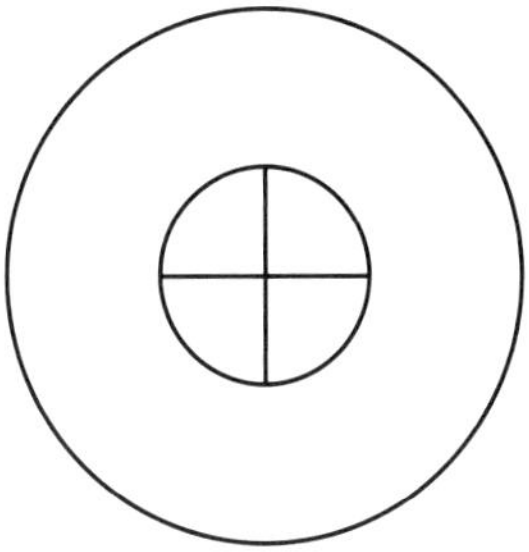

「リ」数霊8 ——離れる

離れるとは、もちろん距離をおくことです。次元数8で数霊数15の「ヤ（飽和する）」と引き合うので、ただ離れるのではなく、「飽和して溢《あふ》れ、離れていく」という意味を含んでいます。

「テ」数霊9 ——発信・放射

テの「発信・放射」とは、何らかの情報を意図を持って出すことです。発信なので、受信者がどこかにいることになります。そして受信されれば、また返信が返ってくる可能性があります。

濁音の「デ」は、外に軌道を作って、その中に発信・放射することです。電車、電子、電話など、デがつくものは、線路や、軌道、回線を作ってその中で発信・放射していますね。

「メ」数霊10 ——指向・思考・芽

メとは、指向することであり、思考です。つまり「意識」が「意思」を持つ過程を表しています。根源の一番重要な部分にあるものです。次元数10で数霊17の「ト（統合）」と思念が引き合うので、2つ以上のものが統合したときに、「メ＝目」が現れます。何かを生み出そうとする「指向・思考・芽」という意味です。

「ク」数霊11 ――引き寄る

引き寄るとは、主体Aが、向こう側のBのほうに引き寄ることです。
濁音「グ」になると、今度は反対に、Bのほうが、主体Aのほうに引き寄ってきます。

「ル」数霊12 ――留まる・止まる

ルとは、中央で、プラス、マイナスのエネルギーが拮抗して動きが止まることです。この止まっている瞬間を「今」と言います。エネルギーがもっとも消費されます。24時間でいうと、お昼の12時です。12時を零時というのも、このルの思念を表しています。エネルギーがもっとも強くなり、今度は夕方へと向けて反転を起こすときですね。

「ム」数霊13（次元数6）——広がり

ムとは「広がり」ですが、そこに何もなくなる「無」という状態ではなく、エネルギーの凝縮が拡散されるので、現象化を起こすことができなくなる状態です。

「ナ」数霊14（次元数7）——核・重要なもの

ナとはカタカムナの核を言います。ナと＋（統合マーク）は同じものを表しています。なくてはならない重要なものです。ナの次元数は7なので、数霊7のワ（調和）と思念が引き合っています。つまりナの核は調和しているのです。ここはもう2つには分けられない唯一、一体化した場所です。そこはもはや陰でもなく陽でもない場所となり、命の種から、新しい陰陽を持つ命が生まれてきます。

「ヤ」数霊15（次元数8）——飽和する

ヤとは飽和して、溢れ出しそうになっている状態です。次元数が8なので、数霊の8「リ」と思念が引き合います。つまり、飽和すると自然と溢れて、中身が「離れていく（リ）」のです。

「コ」数霊16（次元数9）——転がり入る・転がり出る

コもトーラスの中に転がり入る、転がり出るという意味ですが、どちらをとるかは、ヒと同じようにトーラスの外側にいるのか、内側にいるのかで使い分けます。しかしこれも、循環しているので、どちらで訳しても間違いにはなりません。なぜ「転がる」という言葉を使うのかというと、すべての循環するエネルギーは球体を作る渦になっています。そうして中心を通り抜けられるようになっているのです。だからトーラス（通らす？）というのですね！　転がり入ったものは、必ず転がり出ます。宇宙のすべては、渦巻きです。光さえも渦を巻いているそうです。神社には「しめ縄」が飾られていますが、これはすべては渦という思念を表現したものだと思われます。コは次元数が9なので、「テ」の発信・放射と思念が引き合います。転がり入ったものは、必ず何らかの発信・放射をします。

濁音のゴとなると、方向がすべて反対になります。

「ト」数霊17（次元数10）――統合

トとは、統合することで、そこには2つ以上の異種のものが存在することを意味します。次元数が10なので、数霊10のメの「指向・思考」と思念が引き合います。つまり、指向して統合が行われるということです。

統合とは、普通、中心へと統合することですが、濁音の「ド」になると、中心が向こう側に統合してしまうことを表します。

「ア」数霊18 ――感じる・生命

感じる心を持った生命、という意味です。命と心が発生します。人間は何かを感じたとき、まず最初に「ア」という音を出します。トーラス循環の始まりで、「数霊18」が命のサインです。そして1桁化すると「9＝球」となります。

「ウ」数霊19 ――生まれ出る

ウは「生まれ出る」という思念を持ちます。嘘（ウソ）とは、「生まれ出て外れるもの」という意味なので、嘘をついて一時はうまく騙《だま》せたと思っても、いつかは、必ず外れてバレてしまうものです。

「ノ」数霊20 ——時間をかける

ノとは、時間をかけるという意味で、ひらがなの「の」は右廻りの渦です。トキの経過は右渦なのです。だから時計は右廻りで廻っています。数霊が20なので2の「振動（2）そのもの（0）」とも訳せます。時とは振動そのものであるということです。

「ス」数霊21 ——一方へ進む

「一方へ進む」とは、これも外向きの渦巻きのことです。すべては渦なので、直線で進むことはできません。光さえも渦を巻いて進んでいます。量子や原子などすべてが回転し、地球が自転公転し、太陽系も動いているので、まっすぐ進んでいると思っても誰もが廻っています。

濁音の「ズ」になると、内向きの渦になります。内向きの渦は、やがては中心から下のほうへと進みます。

「ヘ」数霊22　――縁・外側

へとは「縁・外側」ですが、外側というときは、自分は内側にいます。つまり、内側から見た外側を指しているのです。

反対に、濁音の「ベ」となると、外側から見た外側を指します。

「シ」数霊23　――示し・現象・死

シは「示し、現象、死」ですが、この世に示されたものは、すべて滅びる死へと向かって存在しています。死へと向かわない、滅びないものは、逆に存在していることを証明できません。なので「示し」と「死」は同じものの裏表なのです。

「ジ」と濁音になると、「内なる示し」となります。自己・事故とは「内なる示しが転り出る」となります。「自己紹介」や「自己主張」などの「自己」は、内なる自分を示したい、出したいときに使われますね。

「レ」数霊24 ――消失する

レとは、「消失する」という意味で、時間でいえば24時。レの数霊の24そのままです。今日の日が消滅する時間です。しかし、今日の日の消滅は、そのまま、新しい日の始まりを意味します。

「カ」数霊25 ――チカラ

カとは、チカラで、重力のことを示します。また、「×（かける）」という意味も持っています。現代物理学では、重力は消すことができると言われているそうです。重力が3次元空間を作っていますが、実は、カタカムナでもすべてが2次元で表現できると言っています。思念では、重力とは思いの力の強さを表しています。

濁音の「ガ」とは、内なるチカラという意味になります。

「タ」数霊26 ――分れる

「分れる」とは、境界線でペアーとなって、分かれていることです。陰陽のマークの境界線は、そのいい例です。

ペアーの境界線同士が離れて距離がある場合は、濁音の「ダ」となります。

「チ」数霊27 ――凝縮

チとは、凝縮で、血液の血もいろいろなものの凝縮物だという意味です。凝縮から現象化が始まります。チは中で凝縮するものですが、濁音の「ヂ」は外側で凝縮するものを表します。

「サ」数霊28――遮り・差

遮り・差は、エネルギーを生み出します。動きのないゼロ面に差をつけると、エネルギーが流れ出します。するとエネルギー密度にムラが生じ、エネルギーがゼロになろうとして循環が生じます。故に、差や遮りを作ることは、創造を生じさせるのです。創造主である神（カミ）の数霊は「25＋3＝28」で「サ」の数霊と同じになります（計算方法は第2章にて）。普通、サとは外側を遮ることですが、濁音の「ザ」になると、内側が出ないように遮ります。「ザル」とは「内側の遮りを止める」という意味で、穴があいて内容物が漏れるようになっていますね。

「キ」数霊29――エネルギー・気

キとは外に出るエネルギーのことです。樹木の木も、人間の「氣」も外に出るエネルギーを作り出し、モノを動かすことができます。

濁音の「ギ」になると、内側へと渦を巻くエネルギーを表します。内向きの渦巻きはやがては下のほうに進みます。

「ソ」数霊30 ――外れる

ソとは、母体から一部が外れることです。数霊は30なので、ソとは「光（3）そのもの」とも訳せます。光が外れて移動することで、情報を伝達しています。

濁音の「ゾ」は、「外されたもの」となり、受け身になります。雑巾とは思念で読むと「外されたものが生み出す大きなエネルギー」となります。古くなって捨てられ雑巾として使われるようになって発揮する大きな力」を示しています。捨てられる前に、汚れなどをその身にすべて引き受けるエネルギーは、考えたら感動的です！

「ラ」数霊31 ――場

ラの「場」とは、圧力が解放されてゆくエネルギーの渦を言います。次々と何かを生み出します。

「ニ」数霊32 ——圧力

ニとは、ラとは逆に「場に圧力をかける」ことです。場に圧力をかけると、結果としてエネルギーが爆発的に大きくなる可能性があります。

「モ」数霊33 ——漂う

モの「漂う」とは、指向を持たないものが解放されることです。量子などのことも表し、時空の始まりを表しています。まだ判断がつかない状態ですが、大きな可能性の始まりです。

「ロ」数霊34 ――空間・抜ける

ロとは、空間で、突き抜けるトーラス機能を持っています。私たちの身体や、物質のすべては、エネルギーが通り抜ける空間であるとみます。

「ケ」数霊35 ――放出する

ケとは、「放出する」ですが、意図を持たず、中を空にする行為です。

濁音の「ゲ」は「放出されるもの」で、下駄は、「放出されて分れたもの」という意味で、下駄の歯が2つに分かれて突出している様子を表現しています。

「セ」数霊36 ――引き受ける

セとは、「引き受ける」という意味です。責任（セキニン）とは「引き受けるエネルギーからくる大きな圧力」という意味になります。

濁音の「ゼ」とは、「引き受けられるもの」という受け身になります。税金は「引き受けられるものが伝える大きなエネルギー」で税金は大きな負担ですね！

「ユ」数霊37——湧き出る

ユとは「湧き出る」という意味です。指は「湧き出るものが根源へと入る」となり、情報などが入ってくるところですが、手全体は、「発信・放射をするもの」となります。「手のひら」は、「発信・放射が、時間をかけて根源から出る場」という意味なので、エネルギーを出すときは手のひら、情報などが入るときは、指からのようです。そう言えば、点字なども指先で読みますね。また「カメハメハ〜」と強いエネルギーを出すときは、手のひらを突き出すようですね。

「ヱ」数霊38 ——届く

ヱとは、「届く」という意味です。「つながってすべてを覆う」という意味もあります。この字の声音は、今ではもう失われてしまって、正確に発音することができません。その分、言葉のエネルギーが相手に届かなくなってしまっているのではないでしょうか。

「ヌ」数霊39 ——突き抜く・貫く

ヌとは、「突き抜く、貫く」という意味で、トーラスの穴ができることを表します。「主(ヌシ)」とは、「突き抜ける示し＝穴」という意味です。

「オ」数霊40 ——奥深く

オは「奥深く」という内側へと入る方向性を示しますが、数がひとつ増えると今度は、次の「ヲ」の「奥に出現する」となり、生命の発現を表します。

「ヲ」数霊41　――奥に出現する

ヲの数霊41は「奥に出現する」という意味で、穴に出現したもっとも大事な「自分自身の命」を表しています。この41がもっとも尊い神です。

「ハ」数霊42　――引き合う

ハとは、「引き合う」という意味ですが、ペアリングされた2つ以上がお互いに近寄る力を表します。

濁音の「バ」になると、今度は反対に、綱引きのように「外向きに引き合う」ことを言います。

「エ」数霊43　――うつる（移る・写る・映る）

エは、「うつる」という意味すべてを表します。すなわち、「移る、写る、映る、うつる（感染する）」などです。「エ」のつく言葉は、この「うつる」という意味を必ず持っています。

「ツ」数霊44　――集まる

ツとは「集まる」という意味で、エネルギーが集中してくることを表します。

濁音の「ヅ」は集められたものという受け身になります。「シヅク」とは水滴などが集められてできたものです。

「ヰ」数霊45 ——存在

ヰとは、井戸の「井」で四方を囲まれた中にある存在を言います。「ありて在《あ》るもの」という神の存在を表しますが、これは「新しい命」のことです。また、新しい命＝胎児が子宮に宿っている状態を指したりします。

「ネ」数霊46 ——充電する・充たす

ネとは、「充電する、充たす」という意味で、「寝る」とは、「充電を留《とど》める」という意味になります。寝るとは、携帯のように身体を、「充電すること」なんですね。

「ホ」数霊47 ——引き離す

ホとは、「引き離す」という意味で、「本気」とは、「まったく引き離れたもののエネルギー」という意味となります。つまり「本気」とは、無人島などでまったく頼るものがない状態に置かれると生まれ出てくるエネルギーなんですね。また、「ホ」は、胎児が生まれ出たときに、母とつながっている臍《へそ》の緒を切って、母体と引き離れるという意味もあります。

濁音の「ボ」とは、「引き離されたもの」という意味で、ボタンとは「引き離されて分れるもの」という意味です。……外すと開いて、引き離れますね。

「ン」数霊48――掛かる音を強める

48音の中で、ンだけが無声音です。ンとは、すべての音に付いて、音の思念を強め、押し出す力を持っています。「命そのもの」であり、「生きる」という意味をも表します。また、48音の最後に出てくるので、「ン」の思念「掛かる音を強める」という機能だけではなく、48音の言霊、数霊のすべてを表すことがあります。

以上、簡単に日本語48声音の思念を解説しましたが、お伝えしたものは、思念のほんの一部です。突き詰めれば、それぞれの音にはもっともっと深遠な意味があり、それらの音が言葉に組み合わされると、一分の隙も例外もなく、その本質を表してしまいます。本当に言葉はすごいとしか言いようがありません。

すべては言葉で表されています。48声音の正しい意味を知ることが、すべてを知ることにつながる……といっても言いすぎではないでしょう。

第2章

カタカムナ数霊の法則と原理

カタカムナ 数霊の法則

それではここで、カタカムナ数霊の法則と計算方法や読み解き方などをお伝えします。いよいよ実践編です。物事・事象を、数霊ではどのように読み取れるのか、まずは「カタカムナ数霊の法則」から始めましょう。

①カタカムナの数霊とは48声音の通し番号

カタカムナの数霊とは、この本に掲載されている思念表のヒフミ48音の順番のことで、その順番が、そのまま数霊になっています。この並びは「カタカムナウタヒ5首・6首」で歌われている48音の順に番号をつけたものです。この48声音の通し番号を使って計算してください。

②清音、拗音、破裂音などは足し算

清音（濁音以外の濁らない音）、拗音《ようおん》や促音（ヤ、ユ、ヨ、ッ……など、小さい文字で表現される音）、破裂音（パ、ピ、プ、ペ、ポ）などは、すべて足し算（＋＝プラス）で計算します。

③濁音だけは引き算

唯一、濁音だけは引き算にして計算します。濁音になるということは、裏返るということなので、方向性が反対になるからです。たとえば、鏡の前に人が立っているとします。「鏡」という言葉を読み解いてみましょう。

鏡（カ・ガ・ミ）の最初の「カ＝チカラ」は、鏡に映る人から出たものでしょう。次の「ガ」は、鏡が反射するチカラを濁音で示していると思われます。同じ音が重なる言葉は、その音の思念が次々と連続して起こっていることを表します。その法則に合わせて考えると、鏡とは「鏡に向かう被写体のチカラと、鏡が反射するチカラが次々と連続して反射し、鏡に人の姿を映し出す実体（ミ）である」と言えますね。だとすると「カ」の向かうチカラと「ガ」の向かうチカラはまったく反対方向に裏返っています。ここから、濁音とは、エネルギーが反対方向に作用すること（裏返るコト）だと言えるわけです。これが濁音の数霊を引き算にする理由です。

④伸ばす音「ー」は計算しない

伸ばす、音引き「ー」は、数霊には数えないので計算には入れません。

たとえば、寒いときに羽織るコート、または、テニスコートなどのコートの数霊には、「ー（音引き）」は無視して計算しません。

（例）コート　↓　16＋17＝33

コートの数霊は「33＝モ（漂う）」になりました。冬に羽織るコートも風に漂い、暑ければ脱ぎますね。テニスのコートもボールを追いかけて漂うところですね。

⑤合計がマイナスになったときの考え方

たとえば「ボール」の数霊を計算しますと、

（例）ボール　↓　-47＋12＝-35

濁音が入るので、答えは「-35」になります。

「35」の数霊は「ケ＝放出する」ですが、それが-35になると、意味が「受け身」になります。つまり「ボール」の「-35」とは、「放出されるもの」となるのです。

もうひとつ例をとって見てみましょう。今度は「ゴール」の数霊を計算します。

（例）ゴール　↓　-16＋12＝-4

マイナスになる数霊は先ほどの「ボール＝-35」のように「～されるもの」と受け身になると言いましたね。それでゴールの「-4」を理解すると、「4＝新しいもの、陽」なので、その思念を受身形にするとなると、少し難しいですね。受身形の言葉が表現しにくいときは、それを受け入れる「容れ物」であると考えるといいと思います。言葉の正と反とは、陰（5）＝凹と陽（4）＝凸のようなものだと考えてください。すべては対《つい》になっており、凹凸で一対なのです。プラスが能動態（挿入するもの＝凸）、マイナスが受動態（受け入れるもの＝凹）、で一対です。これをイメージして考えると「-4＝新しいもの（陽）を容れるもの」つまり得点という新しいもの、または突進してくる「凸＝陽」を容れるものが「-4」のゴールだということになります。つまり、ゴールとは突進してくる凸を容れる凹（窪《くぼ》み）だというのです。凹がまったくゴールの形をしているのが面白いですね。ということは「-4」と「5」は同じものを表していると言えますね。

⑥数霊を最終的に1桁にした数を次元数（1〜9）と呼ぶ

カタカムナの数霊は最終的にすべての数字を足して、1桁にしてその数霊がどの次元数に属しているのかを見ます。次元数は1〜9です。同じ次元数を持つ数霊は、本質が同じものを表していると考えます。たとえば、

1次元数はヒ＝「根源から出る・入る」
2次元数はフ＝「増える・負（振動）」
3次元数はミ＝「実体・光」
4次元数はヨ＝「新しい・陽」
5次元数はイ＝「伝わるもの・陰」
6次元数はム＝「広がり」

7次元数はナ＝「核」
8次元数はヤ＝「飽和する」
9次元数はコ＝「転がり入る・出る」

という基本の思念を持っていますが、これらと同じ次元数を持つ数霊は、その次元数の思念を本質に持っています。たとえば、1の次元数を持つ数霊「10、19、28、37、46……」などは、すべて「根源から出るもの・入るもの」を表現したものだということです。
また、次元数3を持つ数霊「12、21、30、39、48……」は「光や実体」の動きを表しています。

また、先ほどのゴール（数霊が-4）など、マイナスの数霊を持つ数の次元数は、最高次元数の9からそのマイナスの数を引いた数がその次元数となります。たとえばゴールは、

（例）ゴール（数霊は-4）の次元数は「9－4＝5」で、5

となり「-4」は次元数「5」の概念と同じだと考えられます。厳密に言うと「-4」とは

「窪んだマイナスの空間＝凹の穴」を見ており、「5」は「窪みを作っている形そのもの＝凹の形」を表しているので少し違うのですが、結果的には同じカタチを表すことになります。

カタカムナ数霊の読み解き方

次に、カタカムナ数霊の読み解き方を説明します。

①思念の読み解き方

数霊の読み解きは、計算した合計数を、48声音の思念に変えて言葉で読み解くので、言霊の読み解きと同様に、思念表に基づいて、声音の思念に、最低限の適切な「てにをは」などの助詞をつけ加え、ナチュラルな日本語にして理解します。また、1声音につき、思念の意味が、ひとつ以上ある場合は、適切だと思うほうを選んで読み解いてください。

また、思念表にある思念の表現は、「形容詞」「動詞」「名詞」など、もっとも多く使うであろう品詞で表現してあるので、つなげて文章にする場合は、それぞれ、品詞を適切に変化させ、つなげてください。最終的には、重複している表現などを削ぎ落とし、簡潔で、自然な日本語表現となるように心がけてください。**大事なことは、思念の本質的な意味を変えないこと。また、言葉に使われている声音の順番を基本的には変えないこと。**その結果、理解しやすいナチュラルな日本語になっていればいいと思います。

②引き合っている次元数と数霊の訳し方

第1章で示した次元数とその次元数に引き合っている数霊（マ＝6・ワ＝7・リ＝8・テ＝9・メ＝10と、ム＝13・ナ＝14・ヤ＝15・コ＝16・ト＝17）は、両方の意味を持ちます。引き合うとは両方の意味を含んでいるという意味です。しかし、両方ですべてを表現すると、とても煩雑で、まとまらない文章になるので、より適切だと思うほうに整理して読み解くとすっきりすると思います。しかし、言葉では表現しなくても、引き合っている

ほうの意味は含んでいるということを頭に置いておく必要があります。次の例を見てみましょう。言霊の思念で読むと、

（例）山（ヤ・マ）　↓　飽和した・受容

となります。**数霊で読むと「ヤマ↓15＋6＝21」で「（高いほうに）一方へ進むモノ」という意味が出るのですが、数霊は、言葉の数霊を合計した数だけではなく、途中式もそのまま数霊で読み解くことができます。**

このヤとマを1音ずつ数で読み解いてみましょう。

普通は、簡潔にわかりやすく訳しますが、練習のため、引き合っている次元数と数霊の両方の思念をすべて表現してみると、

山（ヤ・マ）　↓　飽和して（15＝ヤ）離れた（8＝リ）、受容（6＝マ）の広がり（13＝ム）が、一方方向へ進む（21）

と複雑になります。しかしよく考えてみると、**山とは、ものが飽和して高く離れたものであり、そこにあるものを受け入れる受容が外に広がった、高くそびえるものである**と言えますね。途中式と合計数のすべての関係のある数を使うと、山の状態を正確に表すことができます。しかし、長すぎて、なかなか頭に入ってきませんね。そのときはやはりそれらの意味は念頭に置きつつ、訳すときは思念による「飽和した受容」、または数霊の21で、「高くそびえるもの（一方方向へ進むもの）」でいいと思います。

③1桁読みの原理→基本的にすべての数字は、1桁ずつ読み解くことができる

48音より多い2桁以上の数「49以降……」は、言霊の思念では読み解けませんが、基本的には1桁ずつに分けて、思念で読み解くことができます。これを「1桁読みの原理」と言います。次の例を見てみましょう。

（例）寝る（ネ・ル）↓　46＋12＝58

58を「5＝イ」と「8＝リ」に分けて、思念をつなげて読み解くと、「伝わるものが離れること」となりますね。これは「寝て意識を失うこと」を示しています。

すべての数字は、どんなに大きい数でも1桁ずつ読み解くことができます。たとえば、「発掘」の数霊は、

(例) 発掘 (ハ・ッ・ク・ツ) ↓ 42＋44＋11＋44＝141

この合計数、141を1桁ずつ読み解くと、「根源から出る（1）新しいものを（4）根源から出す（1）」となり、初めてのものを発掘する様子が表されていますね！　何度も言いますが、数霊は本当に不思議です！

④合計数の1桁目が「0（ゼロ）」となる場合の「0」は、「そのもの」と訳す

2桁以上で48音を超える数の中に、1桁数が「0」で終わる数はどう考えればいいでしょうか？「雷」の数霊を計算してみましょう。

（例）雷（カ・ミ・ナ・リ）↓25＋3＋14＋8＝50

50は、48音にはないのですが、5と0と考えて1桁読みにし、「0」はそのものと訳します。すると、雷とは「伝わるものそのもの」であるとなります。なぜゼロを「そのもの」と訳すかと言うと、ゼロは十が一に反転する場にしか現われません。十の動きが止まるところにゼロが付くので「そのもの」と言いきるのです。

⑤3桁以上の数の読み解き方

基本的には、すべての数霊は「1桁読みの原理」で読み解けますが、読み解きが長くなり煩雑になるので、3桁以上の数霊については、数を2つに分け、できるだけ48音の中にある思念で読み解くようにします。

たとえば、3桁以上の数は、3桁目と2桁目をつなげた数をまず読み、次に1桁目をつなげて読み解きます。そうすると、それほど、大きな数が出る頻度が少ないので、思念表をうまく利用できる可能性が高くなり読み解きが楽になります。しかし、1桁目と2桁目をつなげて読み、3桁を最後につなげても、また、3桁を1桁ずつ3つの数に分けて1桁読みをしても、本質的な意味は変わりません。つまりどうつなげて数を読んでも矛盾が出ないということです。本当に不思議ですね。

(例) 考える (カ・ン・ガ・エ・ル) ↓25＋48－25＋43＋12＝103

「考える＝１０３」の思念は、「10＝メ」と「３＝ミ」に分けて読むと、「思考する実体」となり、ぴったりです！　これは、「10＝メ」という言霊数で読みましたが、次元数の10は「17＝ト（統合する）」の意味も含んでいるので、詳しく読み解くと、「思考して、統合する実体」それが「考える」ということだと出ます。

次に、練習で、これを「1」と「03（＝３）」に分けて読み解きますね。

カンガエル↓「根源から出る（1）実体（03）」となり、考えるという本質を表していますね。

次に、1桁ずつ「1」と「0」と「3」にしても、カンガエル↓「根源から出るもの（1）、そのもの（0）の、実体（3）」となり、まったく意味が変わりません。不思議ですね。

⑥2桁の連続数（77など）と3桁の連続数（111など）の読み解き方

連続して同じ音が重なるときの読み解き方は「カガミ」の思念の読み解きを通してお伝えしました。数が重なる、77など連続する数の読み解きも、思念の読み解きと同じように、「次々と7（調和）が起こる」と訳し連続してその現象が起こる様を表します。48音の中にある連続数、たとえば「11・22・33・44」なども本来そのような思念を持っています。たとえば「11（引き寄る）」とは、根源から出るもの（1）が次々と引き寄っている状態を表しますし、22（縁・外側）とは、振動（2）するものが次々と出た結果、外側（22）へ行くという意味になります。33は光（3）が連続して出る結果、漂う（33）のであり、44は陽（4）が連続して集まる（44）ことを指しています。

また、「111」「222」「333」などの3桁の連続数も基本的な考え方は同じで、⑤の3桁以上の数の読み解きに従い、2桁と1桁、あるいは1桁と2桁に分けて読んでも数字的には変わりませんし、意味も変わらないのでどちらで読んでもＯＫです。たとえば「１１１」は「（次々と）引き寄るもの（11）が、根源から出る（１）」と読んでも、「根源から出るもの（１）が、（次々と）引き寄る（11）」と読んでも少しニュアンスは違いますが、本質は同じになります。そして「１１１」は「３」の次元数を持っているので、それは「光」を表しています。１１１の数霊を持つ言葉には「感謝」があります。

（例）感謝（カ・ン・シ・ャ）25＋48＋23＋15＝111

感謝の気持ちを抱くと、次々と引き寄る光が根源から出ると言う意味になります。引き寄っている光が次々と放出されれば、自分と周囲が光に包まれますね。感謝するとは、光を生み出すということと同義なんですね！　次元数はもちろん「３」の「光」です。

「３３３」は「（次々と）漂う（33）光（３）」であり、また「光（３）が（次々と）漂う（33）」と読むこともできますね。「３３３」の次元数は「９」なので、その結果、光が転がり入り、転がり出る渦＝球体となることを意味しています。太陽を英語でＳＵＮ（＝３）と言い、光が降り注ぐ状態を「サンサン（＝33）」と言うのは、溢れる光が渦を巻いて球状に包み込んでいる様子を表しているんですね。

⑦途中式に現れるすべての数にも意味がある

答えとして出てきた数字は、最後に1桁化して、その数の次元数を知ることができるとお伝えしましたね。実は、答えの数字だけではなく、途中式に現れる数も1桁化して読み解くことができるのです。現れてくる数字の意味を知り、すべてを読み解くことができれば、さらにいろいろな観点から見た読み解きが可能になります。

たとえば「心」という言葉は大事なので、少し大変ですが、すべての数霊を使って読み解いてみましょう。

（例）心（コ・コ・ロ）↓

数霊を計算し、その答えを1桁化します。

(ア)　16＋16＋34＝66　↓6＋6＝12　↓1＋2＝3

次に、(ア)の最初の式の2桁の数字（16＋16＋34）を、1桁化して計算します。

(イ)　7＋7＋7＝21　↓2＋1＝3

となりますね。まずは(ア)のほうからつなげて読み解くと、次元数と数霊の両方をとるので、心とは、

(ア)　16＋16＋34＝66　↓　（ココロとは）次々と転がり入り転がり出て（コ＝16）、発信・放射（テ＝9）する空間（34）を次々と受容し（66）

6＋6＝12　↓　次々と受容（6＋6）して広がってゆく、広がり（ム＝13）が止まり（ル＝12）、

1＋2＝3　↓　根源から出る（1）振動（2）が、光（3）となるトコロである。

となります。次に、(イ)をつなげて読み解きます。

(イ)　7＋7＋7＝21　↓　そして、次々と調和（7＋7）する調和（＋7）が、今度は一方方向へと進み（21）、

2＋1＝3　↓　その振動（2）が、根源から出て（1）光（3）となるトコロである。

となりますね。(ア)の「次々と転がり入り転がり出て、発信・放射する空間（34）」とは、「光」のことです。ヒカリの数霊は「ヒカリ↓1＋25＋8＝34（ロ＝空間）」となりますね。

次々と受容して広がってゆく、（6＋6）広がりが止まるもの（12）とは、心の中の光のことなのです。

そこで止まることによって光は振動する空間を失います。

光が振動をやめると光ではなくなり闇となります。

実は光と闇とは同じものなのですが、闇とは、光が振動を止め、空間を失った状態のことを言うのです。光とは振動することによってキラキラ光る空間を作っているのです。

トキが振動、トコロが空間なので、その古い光は止まって、トキトコロ（＝時空間）を失いますが、
次の式「（1＋2＝3）根源から出る振動が光となる」で、次の瞬間、新しい根源から出た心の振動により、トキがチャージされ、新しい空間を持つ光となります。

この止まって時がチャージされている時間を「今」と言うのです。

「留まる・止まる」というからには、「今」の瞬間、その容れ物（トーラスの穴）は塞がれた空間となっています。こうして、新しいトキトコロ（時空間）＝生命＝今が生まれます。しかし、この今は、振動がチャージされていますが閉じ込められているため圧縮された空間が逃げ場を求めて膨張している、まだ闇の状態です。


そのトキトコロが調和してひとつになった調和（7＋7＋7）が、膨張する力となり、メビウスの締まり（ねじれ）を押し広げ、反転を起こして、外へと進みます（21）。

そうすると、振動する闇は振動を解放された光となって外に放出されるのです（2＋1＝3）。つまり、今というトキ＝生命を作り出しているのは、私たちのココロの振動だと

いうことです。ココロが震えなければ生きてはいけないのですね。複雑でしたが、読み解きながらついてこられましたか？

これは、余談ですが、ココロの数霊の中に、「66↓6＋6＝12」で「12＝ル（止まる）」と次に「777」のラッキーセブンが出てきて、最後は21「ス＝一方へ進む」となり、輝く「光（3）」が出てきましたね。これってスロットマシーンの情景に似ていませんか？止まったときに、ラッキーセブン（777）がそろえば、ジャラジャラと光り輝くコインが出てくる……するとあらゆる人がとてもハッピーになりますね！　もしかしたら、あれは心という本質を暗に表現しているのかもしれません。心が調和すれば（777）いつでも光が溢れ、思いが叶うという意味なのでしょう。

最後に、「ココロ」の合計数を1桁化します。「66↓6＋6＝12↓3」となります。「心」とは「光」であると出ますね。つまり、光が人間の意識を伝えているのです。

⑧逆数の原理　↓　数が逆になれば、意味も逆になる

数が思念と対応しているとすれば、2桁の数を逆に入れ替えた数字と思念はどんな関係になるのでしょうか？

たとえば、「心」に出てきましたが、「12（ル＝止まる・留まる）」と、その逆数、「21（ス＝一方へ進む）」はどうでしょうか？

12（ル＝止まる・留まる）対　21（ス＝一方へ進む）

12と21の逆数は、まさに思念も「止まる」と「進む」で真逆になっています。例題で見てみましょう。

12（止まる・留まる）の数霊を持つ言葉

くぐる（11－11＋12＝12）：くぐるとは、体勢を低く留めて進むこと
岩（イワ5＋7＝12）：岩とは止まっているものであり、情報を留めるもの

21（一方へ進む）の数霊を持つ言葉

瞳（ヒトミ1＋17＋3＝21）：瞳とは、一方へと進む（前を見る）もの
（後ろは見えませんね）
縄（ナワ14＋7＝21）：縄は螺旋状に一方へと進むもの

どれも、ちゃんと「止まる」と「進む」を表していましたね。逆数になると、意味が反対になると言えそうです。

次に13と31の逆数はどうでしょうか？

13（ム＝広がり）対 31（ラ＝場）

広がりとは、密度が薄まり外へと広がった状態です。場とは、密度が濃くなり集まった

場所です。やはり意味は逆になっていますね。

13（広がり）の数霊を持つ言葉

言霊（コトダマ16＋17－26＋6＝13）：言霊とは、振動の広がり

縮む（チヂム27－27＋13＝13）：縮むとは、伸びる広がりを持ったもの

31（場）の数霊を持つ言葉

尻（シリ23＋8＝31）：尻とは、場を取るトコロ（電車の座席取りでは力を発揮！）

メス（10＋21＝31）：メスとは、子孫を生むことで、場を形成する性

逆数がはっきりと逆の意味を示しています。次に、14と41の逆数はどうでしょうか？

14（ナ＝核・重要なもの）対 41（ヲ＝奥に出現する）

14のナ＝「核」とは、中心にあるものです。41の「奥に出現する」ものとは、実はその

中心にあいた「穴」のことを言います。穴があくとは中身が外に出るという意味を持っています。これも「中心にあるもの」と「穴という中がないもの」という逆の意味になっています。例題を見てみましょう。

14（核・重要なもの）の数霊を持つ言葉

嫁（ヨメ4＋10＝14）：家庭では、跡継ぎを産む核（子宮）を持つ重要な人
動く（ウゴク19－16＋11＝14）：動物にとって、動くことは重要な核心

41（奥に出現する＝穴）の数霊を持つ言葉

ほどく（47－17＋11＝41）：ほどくとは結びを解いて空間をあけること
ドーナツ（－17＋14＋44＝41）：ドーナツの奥に出現するものは「アナ」

いかがでしたか？　逆数の原理が機能していましたね。数が言葉のように意味を語りかけています。次は、逆数の原理と1桁読みの原理を併用して読み解く方法です。

「逆数の原理」と「1桁読みの原理」の併用で、48音以上の数を読み解く

ここまでは、比較した2つの逆数は、どちらも思念表から意味がとれるものばかりでした。実は「逆数の原理」が本当に実力を発揮するのは、ここからです。

意味のわからない「48音以上の数字」に、逆数の原理を適用してみましょう。するとその意味がわかるということですね。それでは、15と51の逆数の関係を見てみましょう。

51の思念は、48音には表現されていないので、「15＝飽和する」という思念から、逆数の原理で「51＝縮小する・減少する」という意味を仮定してみます。

51になる言葉が、この「縮小する、減少する」の意味を表していたら、逆数の原理は成り立っていると言えますね。ここから、ご自分で計算機を持って数を確かめていってくださいね。

15（ヤ＝飽和する）対 51（縮小する、減少する）

15（飽和）の数霊を持つ言葉

一筆書き（ヒトフデガキ＝15）：止まらずに最後まで飽和して書き抜くこと
拡大（カクダイ＝15）：拡大とは、大きく飽和させること

51（縮小）の数霊を持つ言葉

腐る（クサル＝51）：腐るとは、中に落ち込む縮小する現象
へこむ（＝51）：中に落ち込み小さくなる状態
ブレーキ（＝51）：スピードを減少させるもの

どうでしたか？　まさに真逆の意味が出てきました！　思念表にはない数でも、「数が逆になれば、意味も逆になる」という原理が機能していることがわかります。逆数の原理を使えば、大きな数、思念表にない数でも、その数の意味を知ることができるということですね。

次に、16と61の逆数は、どうなるでしょうか？

「16＝コ」の思念が「転がり入る・転がり出る」となっているので、逆数61で意味が逆転しても、「転がり出る・転がり入る」となり、違いがはっきりしませんね。

それでは、今度は、逆数の原理に加えて、「1桁読みの原理」を使って読み解いてみましょう。これは、大きな数を読み解くときに、1桁ずつ思念をあてはめて読み解くことです。61がわからなかったので「6」と「1」に分けて思念読みすると、「6」は数霊「マ＝受容」と6次元数である数霊13「ム＝広がり」の両方の意味をとります。また、「1＝ヒ」は「根源から出る・入る」なので、つなげて読むと「受容の広がりが根源から出る・入る」となりますね。16で、「転がり入る・出る」ものはひとつひとつの中身でしたが、61では「受容という全体の広がりが出る・入る」となっています。16と61の違いは、ひとつひとつの中身とその全体の違いでした。

このように、大きな数字を1桁ずつにばらして読み解く、「1桁読みの原理」を使うと、わからなかった意味がクリアーに出てくることがあります。わからない言葉や、もうひとつはっきりしない数霊は、1桁読みの技法で読み解いてみてくださいね。

それでは16と61の逆数の数霊を見てみましょう。個々の中身と全体の違いが出ているでしょうか？

16（コ＝転がり出る・入る）対 61（受容の広がりが出る・入る）

16（転がり出る・入る）の数霊を持つ言葉

豆（マメ＝16）：さやに転がり入った豆は、転がり出て芽を出します
控除（コウジョ＝16）：転がり出たものが税から省かれて、今度は転がり入ってきます
愚痴（グチ＝16）：嫌な現象が転がり入って、転がり出るものが愚痴

61（受容の広がりが出る・入る）の数霊を持つ言葉

朝顔（アサガオ＝61）：朝顔の花はラッパ型、広がりが根源へと入っていますが、反対に、根源から広がりが出ているとも言えますね
スチーム＝61：スチームとは、水蒸気になった水の広がり

となります。違いがはっきり読み取れますね。

このように、すべて、1桁読みの原理で数霊を読んでも、意味を知ることができるので、逆数の意味を検証することができます。最後に確認のため、もうひとつだけ、逆数の原理を見ていきましょう。

17（ト＝統合）対 71（調和したものが、根源から分かれて出る）

「統合」の反対とは、いったい何でしょうか？　まず、「統合＝17」とは、「分かれたものが根源へと入ってひとつになること」なので、その反対の「71」は、「ひとつに調和しているものが、根源から分かれて出ること」ではないでしょうか？

数霊の例を見てみましょう。

17（統合）の数霊を持つ言葉

神社（ジンジャ＝17）　∴神と人間との統合を生み出すところ

泥（ドロ＝17）：土が水分に溶けて統合したもの
コーヒー＝17：豆と水分が統合した抽出物

71の数霊を持つ言葉

カレンダー＝71：調和した1年から毎月の日にちが分かれて出る
ツチ＝71：さまざまなものが統合し調和した大地から出てきたもの
嬉しい＝71：嬉しい感情は、調和から分かれて出るもの

となりました。逆数の原理、1桁読みの原理、理解できましたか？

この「17・71」より大きな2桁の数字の逆数は、すべて検証してみましたが、やはり矛盾はありませんでした。逆数の原理と1桁読みの原理で読み解き、その検証した逆数を、その数霊例と共に、次に掲載しています。説明は省きますので数霊の例に出された言葉が、どのように読み解けるのかを、自分なりに考えながら、読み進んでみてください。いい練習になりますよ。

18（ア＝感じる・生命）

数霊例：闇・人・プラズマ

対 81（離れて根源から出る・入る）

：門・ソフトクリーム・露・梅雨・ツユ

19（ウ＝生まれ出る）

数霊例：割る・÷・御子・学び

対 91（中に入る）

：円・木綿・助けて

25（カ＝チカラ）

対 52（伝わる振動）

数霊例：浄化・ありがとうございます：今日・貨幣・マネー・命
回る

26（タ＝分れる）

数霊例：弁・帯締《おびじ》め・シミ

対　62（受容の広がりが振動する）

：ゆるむ・床・ドンドン

27（チ＝凝縮）

数霊例：原子爆弾・離陸・エゴ
エイズ

対　72（膨張）

：嵐・かける・×・原子核・着陸

28（サ＝遮り・差）

数霊例：神・紙・髪・鉛・雨

対　82（開放・解放）

：境界・フリーエネルギー・カーテン

29（キ＝出るエネルギー）

対　92（入るエネルギー）

数霊例：響き・ラブ・大好き　：サミット・ミネラル・視床下部

35（ケ＝放出する）　対　53（入ってくる）

数霊例：アート・ジュース・自然　：モグラ・悟り・陰・in

36（セ＝引き受ける）　対　63（広がる空間）

数霊例：核・ワクワク・プロ　：とどろき・名前・スカート

37（ユ＝湧き出る）　対　73（注入する）

数霊例：霧・有難う・コース　：男・飽和・オリジン

38（ヱ＝届く）　対　**83（出す・送る）**

数霊例：大和・氏名・使命・口　：わっしょい・チカラ・体毛・髪の毛

39（ヌ＝突き抜く）　対　**93（発信・放射を入れる実体）**

数霊例：未来・越《こし》・統合　：ミトコンドリア・決定・ナプキン

45（ヰ＝存在）　対　**54（発動するもの）**

数霊例：シャワー・火山・レース　：汗・太陽・父・乳

46（ネ＝充電する）　対　**64（放電する）**

数霊例：根・寝・養子・時　：精子・生死・根性・龍・流

47（ホ＝引き離す） 対 **74（近づける）**

数霊例：遊び・鎖・肺・つなぐ　：音楽・楽しい・人形

48（ン＝押し出すチカラ） 対 **84（中に入るチカラ）**

数霊例：オルゴール・自信・地震　：撤退・嫉妬・ストップ

49（転がり入って統合する） 対 **94（転がり出る新しいもの）**

数霊例：メビウス・注ぐ　：眠気・信用・恐れ

56（伝わる受容の広がり）

数霊例：生命・花・別れ

対：咳《せき》・席・飛行機・顔

65（受容の広がりが伝わる）

57（伝わる調和）

数霊例：音・白・城・近い・誓い

対：お香・感動・カプセル

75（調和が伝わる）

58（伝わるものが離れる）

数霊例：ダイヤモンド・講師・箱

対：蛍・球《きゅう》・休・麒麟《きりん》

85（離れて伝わる）

59（伝わるものが転がり入る）

数霊例：ソルト・ハート・無償

対：熱意・本・挨拶

95（転がり入って伝わるもの）

67（広がりが調和する）

数霊例：布団・共鳴・約束

対 ：**76（調和する広がり）**

引力・サン（sun）・博愛

68（受容が離れる）

数霊例：かんざし・列

対 ：**86（離れる受容）**

欠けた・インフラ・死にたい

69（受容が発信・放射する）

数霊例：トーラス・お礼・暗号

対 ：**96（発信・放射する受容）**

天皇・重石《おもし》・表札

78（調和が離れる）

数霊例：過労・カタチ・産道

対 ：**87（離れて調和する）**

ベストタイミング・回転・受け継ぐ

79（調和して転がり出る・入る）対 97（転がり入って調和する）

数霊例：光合成・ケツ・罰金　：オムツ・ウインカー・アルミニウム

89（離れて転がり入る）対 98（転がり入って離れる）

数霊例：ラーメン・ごめんなさい　：トランプ・ゆるゆる・ピンピン

いかがでしたか？

数霊の例を見て、なるほど……と感じられるようになれば、だんだん直観力が高まってきている証拠です。さらにドンドン練習を積んでくださいね！

第3章

数霊で読み解こう！重要な言葉や名前

神や仏に関する名前

神様や仏様の名前はたくさん現代に伝わっていますが、その神様や仏様がどんなお力を持っているのかを知ることは容易ではありません。特に神道では、教義が明文化されていないので、御神名だけでその神の意味を知ることは困難でしょう。神職の方々でさえご存知ない場合も多いかと思います。しかし、数霊を使って、それを感じ取ることができたら、とても画期的なことですね。

まずは、神とは何か？　仏とは何かを数霊で聞いてみたいと思います。

神（カ・ミ）・25＋3＝28

仏（ホ・ト・ケ）・47＋17＋35＝99

となります。神とは「28＝サ」で、「遮るもの」です。遮るものとはエネルギーを遮り、取り込む「形」のこと。「カタ」「カタチ」あるもの。つまり「身体や物質」が神であると

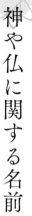

いう意味になります。ここでみなさんは、神様を「遮るもの」と言うとはいったい何事か！　と思われるでしょうね。少し説明が必要です。

宇宙はゼロから始まりました。神が創造主なら、このゼロの宇宙から創造を生み出すためにいったい何をするでしょうか？　何もしなければいつまでもゼロのままなので、たぶんエネルギーを動かし、何かを生み出すためには、空間に高低差や、密度の差を設けるでしょう。そのためにはまず、空間に差をつけ遮ることから始めなければなりません。私たちが神と呼んでいるものが、創造主だとすると、まずは空間を遮るものが、何かを創造し始めるのです。そこから物質や生命体が発生した、そして今も発生していると考えるべきではないでしょうか？　神とは「遮るもの」つまり「カタ」であるとは、実は神の本質を言い表しているのです。

カタカムナウタヒには、神は永遠なるものではなく、滅びゆく肉体の中にこそ神がいると書いてあります。この思想が私自身、初めは理解できなかったのですが、滅びゆく肉体があるということが、永遠なる今を感じるために必要だということです。「永遠なる今」と言いましたが、**今とは、過ぎゆくトキの中にしかなく、今がなければその連続である永**

遠なるものは存在しないのです。それ以外の永遠が存在するとしたら、それは存在しないという形でしか表されない。

つまり存在することが「今が動く」ということであるなら、動きは過ぎゆくことと同義です。永遠に動かないものは、存在していないのと同義です。存在するとは、実は今が過ぎゆくことなのです。ややこしくなってきましたが、滅びゆく肉体を神と見た場合、肉体がこの「永遠なる今」を滅びながら生きゆくことが、神を顕現することになる。神道の「中今」「今に生きる」という思想は、滅びゆく命の中でこそ、感じられる尊さ、醍醐味ではないでしょうか。

数霊に戻りましょう。カミの28を1桁化すると「2＋8＝10→1」です。

この数霊の数字を、そのまま続けると、28＝サ（遮り＝形）、10＝メ（指向・思考）、1桁の1は、ヒ＝（根源から出る）となります。つづけて読むと、神とは、「遮るカタチを持ったものでありその指向や思考が、根源から出てくるもの」という意味になります。これは「身体という形を持って生きている生命」という意味になりませんか？　なぜなら生命体とは「すべてその指向や思考が根源から出るもの」ですから。

仏とは、「99」で、思念表にない数字なので、1桁ずつ読みます。9は「コとテ」の両方の思念をとります。コの思念は「99＝転がり入り、転がり出る」、テの思念は「99＝次々と発信・放射する」となり、両方の意味を合わせると、「次々と転がり入り、転がり出て、次々と発信・放射するもの」となります。これは、ココロの読み解きと同じですね（第2章⑦途中式に現われるすべての数にも意味がある参照）。身体を循環し心でチャージされる光の「生命エネルギー」のことを指しています。1桁化する式を見ると「9＋9＝18→9」となります。18＝アは「感じる・生命」で、1桁の9は「転がり入り転がり出て、発信・放射するもの」です。すべてをつなげて読むと、仏とは、「転がり入り、転がり出て、発信・放射する感じる命のエネルギー」つまり、命のエネルギーを作り出す渦です。

この2つ、「神」と「仏」を合わせてひと言で表現すると、「生命体」という言葉が浮かび上がってきます。神とは生きている身体も持つもの、仏とは生命エネルギーだったのです。神仏が一体となって、「生命体」を表すのですから、この2つの数霊を足してみましょう。

「28＋99＝127」となります。12が「留まる」と「止まる」の両方の思念を持っているので、127は「留まる調和（生）」と「止まる調和（死）」の2つの意味を表しています。すなわち神と仏で生死をくり返し、生命が循環すると言っていますね。1桁化してみます。「1＋2＋7＝10」やはり統合していますね。「十＝ト」、生と死はひとつのものです。そしてその次元数の1桁は「1（根源から出る）」です。

神とは身体（カタ）、仏とは生命エネルギー（カム）、それを統合する「十」と生き物・生命体……もう、気がついていますか？

実は、神（カタ）と仏（カム）の統合（十）を「カタカムナ」と言うのです。漢数字の「十」は「ナ（＝核）」に通じます。「カタ（神）」＋「カム（仏）」＋「ナ（核）」＝カタカムナとなりますね！　**カタカムナとは生きている命のことだったのです。**だから『古事記』の中に出てくる神の名には「命（ミコト）」がついているのですね。カタカムナという核の中心で、神道と仏教という違う宗教はひとつとなることができました。カタカムナとは生きているものを統合する根源、つまり大本《おおもと》なのです。すべての異なる宗教をひとつに統合できる生命観、宇宙観を持っていると言えます。

この読み解きから、仏教、神道といっても生命というものの異なる表現だったことがわかります。どちらがなくなっても生命体は存在することができません。神道の行事を見てみると、どちらかというと、お宮参り、七五三、結婚式など生命の発生、成長を祝う儀式が主であるのに対し、仏教は、一般的に、法事や葬式など、滅びゆく肉体の消滅を示す儀式を執《と》り行います。これは、神道が、生命エネルギーを崇拝し、仏教が滅びゆく肉体を崇拝しているからにほかなりません。肉体には命が、命には肉体がそれぞれ絶対に必要だからです。実は、日本（ニホン）の数霊は「127」で、「神＋仏＝127」と同じ数霊を持っています。日本という国名は、「生命」という意味があるのでしょう。そして「127」は暗にカタカムナを表していましたね。

日本には、奈良時代から神仏習合という伝統がありました。私たちは、神仏習合などという国の施策は、為政者が決めていると思っていましたが、この数霊の意味から考えると、実はそうではなかったのでは……と思い至ります。むしろ、神仏の習合が自然だった。つまり、宇宙の振動が、現象化する過程で、為政者が神仏習合という施策を選ばされていたと考えたほうがいいのかもしれません。

たとえば、人の名前や言葉は、誰かが勝手に決めたと私たちは考えがちですが、人が自由に、言葉や名を決められるのであれば、言霊や数霊に法則は存在しないことになりますね。かといって、人間世界以外に住む人格神が、人間の様子を見ながら判断し、言葉や名前をいちいち決めているとなると、神様には失礼ですが、面倒くさくて、神であることほどつまらないことはありません。では何が、私たちを動かし、言葉や数を決め、歴史を動かしているのでしょうか？　先ほども言いましたが、**宇宙はすべて振動でできています。振動は波動ですね。人間の思いは、波動となって振動し、常に共振を起こしたり吸収されたりしています。**その共振する、私たちが生きている時代の「思いの集合意識」が、まわりの宇宙の振動と相まって、言葉が生まれ、数字ができ、人間の歴史が進んでいると考えると、納得がいきませんか？　**つまり、宇宙と人間の集合意識が世界を動かしているのです。**実は、歴史とは人類が何を思って暮らしてきたかの結果なのかもしれません。人間の力が現象化を起こす波動を起こしていると考えると、私たちがこれから何を思い生きていくのかがとても大切になりますね。

神仏にまつわるさまざまな数霊

次に、神や仏にまつわるその他の数霊を、見ていきましょう。読み解く過程で、出てきた意味のある数をすべて言葉に書き出すと、微妙なニュアンスがよくわかる半面、かえって理解しにくくなるので、ここではあえて、もっとも適切な思念読みのみを掲載しますが、詳細を知りたい方は、私が「神」と「仏」や「ココロ」の読み解きのところで行った、出てきたすべての数霊を、ご自分で思念読みし、解いてみてください。

神道（シ・ン・ト・ウ） 23＋48＋17＋19＝107

10と7で「統合する核」または「指向する調和」です。○に十のことですね。

神社（ジ・ン・ジ・ャ） −23＋48−23＋15＝17

これも17で、統合の「十」を意味します。神と人間が統合する場所なのでしょう。

仏教（ブ・ッ・キ・ョ・ウ）　-2＋44＋29＋4＋19＝94

「9・4」で「転がり入る陽（生命エネルギー）」を表します。

菩薩（ボ・サ・ツ）　-47＋28＋44＝25

菩薩とは25の「カ＝チカラ」です。

チカラとは「重力」を意味しますが、同音異義語は同じ本質を持つので、重力とは、「思い（重い）のチカラ」の意味を持ちます。数霊・言霊で読むと、理解を超えるかもしれませんが、実は、思いの力が重力を生んでいるというのです。菩薩とはその思いのチカラを生み出す仏だということです。そして次元数は「7」の調和する核です。

如来（ニ・ョ・ラ・イ）　32＋4＋31＋5＝72

72とは1桁読みの原理で「調和する核の振動」という意味です。自分の核から出る思いの振動が、ほかの振動を調和させて共振を起こす仏のことです。自分の思いを現象化させます。また、逆数の原理で読むと「27（凝縮）」の逆数なので「72」は「膨張するもの」を表しています。膨張するとは思いが次々に伝わっていくという意味と同時に、これは、漢字の「如来」を破字にして読み解くとわかるのですが、「女の口から来たもの」となり、如来とは、女性から生まれ出た「人間」を指していて、膨張するものとは胎児が体内で大きくなって子宮から出てきて、その後もすくすくと大きく成長する人間生命の様相をも表しているのかもしれません。

大日如来（ダ・イ・ニ・チ・ニ・ョ・ラ・イ）　38＋72＝110

大日如来は、１１０で「引き寄るものそのもの」となります。何が引き寄るのかというと11とは「今（5＋6＝11）」のエネルギーが引き寄っていることを表しています。今のエネルギーとは、思いの力をチャージして現象化させることができるトキのことです。如来とは人間のことでしたね。つまり、大日如来とは、「今という瞬間のエネルギーが、振動を調和させ、思いを現象化させる力を持った人間」という意味になります。

大日如来の１１０の数霊を持っている神は、「スサノヲ」です。表音文字で描かれているカタカムナウタヒでは、「スサノヲ」と表記され「１１０」となります。ここから、大日如来とスサノヲは、共通の働きを持っていると理解できます。大日如来もスサノヲも思いを現象化する神としての人間の姿を現しています。

弥勒菩薩（ミ・ロ・ク・ボ・サ・ツ）　3＋34＋11＝48　＋25＝73

ミロクで数霊が「48」、これは48音の言霊を表しています。また、48番目は「ン」の「押し出すチカラ」を表します。菩薩は、先ほど述べたように25で「思いのチカラ」。続けて読むと、ミロク菩薩とは、「言霊を実際に声に響かせることで、思いのチカラを発揮する菩薩」のことです。大日如来やスサノヲの命との違いは、弥勒菩薩とは思いを実際に言霊として周りに伝える人なので、周りの人の思いを自分の思いと共振させ導くことができ大きなエネルギーを生み出します。救世主となりうる力を持っています。

大御神（オ・オ・ミ・カ・ミ）　40＋40＋3＋25＋3＝111

大御神とは、伊勢に祀られている天照と豊受《とようけ》の二神のことを指し、二神は、統合して大御神となられています。

数霊は111で、3の「ミ＝光」という意味になります。「111」と1の3連続数は、11（引き寄るもの）が次々と根源から出る（1）という意味で、根源に引き寄るもの（11）とは先ほど述べた「（イ）5＋（マ）6＝11」の光のことです。大御神とは、「今が次々と光となって根源からが出る」という意味で、特に111の3本柱は神道では三本鳥居で表されています。111は「光を生み出す源」という意味です。

天照大御神（ア・マ・テ・ラ・ス・オオミカミ）　18＋6＋9＋31＋21＝85　＋111＝196

アマテラス・オオミカミを、まず、思念で読み解くと「感じる受容の発信・放射する場が一方方向に進んで、奥深く、奥深くにある光の力の実体」となります。「感じる受容」とは、特に「人間の心」のことですね。わかりやすく言うと天照大御神とは「人間の心から発信放射する波動を生み出す場であり、人間のもっとも奥深くにあり、光を振動させる力を生み出している実体」である、となります。その光の振動が「アマテラス」。つまり、「天を照らしている」というのです。天（空）が輝いているのは、太陽から出た光ではなく、人間の心から出た振動が、光を照らしているのだというのです。太陽に近いはずの人工衛星が飛んでいる宇宙は真っ暗なのに、地球の周りの大気圏だけに太陽が輝いているのは、地球の生命体（特に人間）の心から出た振動が、太陽の光を地上から照らし出しているからなんですね！　また、天照大御神は太陽神です。太陽神（タイヨウシン）とは言霊で読むと「分かれた陰と陽を生み出す偉大な示し」となります。つまり「時空間を生み出す示し」ですね。そしてこの神こそが日本の最高神です。

次に数霊で読んでみましょう。アマテラスで85になります。これは「離れて伝わるもの」という意味で、振動が離れて伝わっていくことを表しています。大御神は先ほど読み解いた111で「光を生み出す源」という意味でしたね。合計数が196で「生み出す受容」。これは命の「子宮」という意味にもとれ、「心」という意味にもなります。最後に196の合計数を1桁化してみましょう。196は「1＋9＋6＝16→1＋6＝7」となり「16＝転がり出て、転がり入る」で、「7＝調和そして核」ですから、これらの数字をすべてつなげて読んでみると、天照大御神とは「心から離れて伝わる、光の振動の根源であり、光が転がり出て、転がり入る渦を調和する核である」となります。これはまったく「カタカムナの核」と同じ機能だと言えます。カタカムナというすべてをひとつに統合する中核では、そこにいらっしゃる根源神は一体の大本《おおもと》となって区別がつかなくなってきます。

命（ミ・コ・ト）　3＋16＋17＝36

命とは、『古事記』の中などに出てくる神々に使われる名称ですが、神としての人間（＝イノチ）を表しています。36とは3＋6＝9となる数字で、まさに369を表す数字であり、セ（36）の思念「(命を）引き受ける」という意味を表しています。ちなみに「核（カク）」も「25＋11＝36」で、数霊が「36」になります。つまり命（ミコト）とは「命（イノチ）を引き受ける生命の核（＝心）を持つもの」であると考えられるのです。

姫（ヒ・メ）　1＋10＝11

姫とは、命を「秘め」るという意味で、「子宮」を持つ女性性を表しています。「子宮」とは、子供を産み出すという本来の「子宮」機能を指すのはもちろんですが、実は、もうひとつ、現象化を生み出す思いの振動を秘める空間＝「ココロ」をも表していることが、言葉を読み解くと次第にわかってきます。

命を現象化する子宮と、思いを現象化するココロの本質は、同じだということなのでしょう。だからヒメの数霊は、思いを秘める「イマ」の数霊と同じ「11」なのです。

彦（ヒ・コ）　1＋16＝17

彦とは、思念で読むと「根源へと転がり入る」つまり男性の性器（または精子）を持つものを表しています。そして転がり出るものは精子の種から生まれた新しい生命体です。数霊は17で「統合するもの」です。陰に統合する陽を表しています。次元数8は離れるものとなり新しく生まれ出る命を表します。

菊理姫（ク・ク・リ・ヒ・メ）　11＋11＋8＋1＋10＝41

ククリ姫とは、「九九理（ククリ）」つまり99の理《ことわり》を秘めている神ということです。宇宙は99で成り立っていることが数霊を読み解くとわかってきます。つまり99とは言霊で言うと「ココ」と発音しますね。宇宙とは、今、ココにしかないという意味でもあります。そしてその宇宙空間（ロ）を「ココロ」というのですね。また、「ククリ」の数霊は30になり「光そのもの」または「外れるもの」を表します。

詳しくは、ここでは述べませんが、３６９の世という意味は、まず、３の光（１１１）が６に統合し９となり、それが次々と転がり入り、転がり出て発信放射して99となる仕組みでもあるのです。

そしてその「３６９魔方陣」と呼ばれる古くから神道に残されている数霊の方陣の真中

心には、必ず「41」があります。その41番目の言霊は、カタカムナウタヒでは「ヲ」で、「奥に出現するもの」という意味です。菊理姫（41）は、369魔法陣の一番奥＝真中心におられる方であり、「九九理を秘めた方」なのです。

大国主命（オ・オ・ク・ニ・ヌ・シ・ノ・ミコト）　40＋40＋11＋32＋39＋23＝185
20＋36＝56：185＋56＝[241]

オオクニヌシだけで、185となり、これは「命が伝えるもの」です。ノミコトをプラスすると「241」で、「消失したゼロの根源から出るもの」と読めます。これこそ「自分の命そのもの」を表しています。

木花咲耶姫（コ・ノ・ハ・ナ・サ・ク・ヤ・ヒメ）　146＋11＝[157]

コノハナサクヤとは言霊で読むと「9の花が咲き誇る」という意味にとれます。

9の花とは「平和の花」という意味です。数霊の9は転がり入り転がり出るものですが、実はそれは球体となるものの総称であり、「平和、生命、球体」という意味を持っています。憲法9条が平和憲法であり、鳩《はと》は「九の鳥」と書いて平和の象徴ですね。救急車（九九車）は命を救う車です。

157の数霊は「飽和する調和」とすばらしい数霊です。平和な世界を築くためにはコノハナサクヤ姫（浅間大神）のお力が必要です。

磐長姫（イ・ワ・ナ・ガ・ヒメ）　1＋11＝12

「イワナガヒメ」で「12」になります。12とはルの「止まる、留まる」という意味で、「今そのもの」という数霊です。今は止まっているのですから「ゼロの神」ということができるでしょう。12時を「零時」と表現する謂《いわ》れです。磐長姫を『古事記』などでは醜い女性であるかのように描かれていますが、これはゼロの神なので姿がなく「見にくい」神という意味です。ゼロの次元がなければすべてが存在しません。宇宙でもっとも大切な神のお一人であると言ってもいいでしょう。

ここまでは日本の神々や仏様を読み解きましたが、次は外国の神々の数霊も見ていきましょう。

イエス・キリスト　69＋75＝144

イエスは「69」で「マに転がり入る・転がり出る（渦）」です。「トーラス（69）」と同じ数霊を持っているので、球体の渦の循環を表します。1桁化すると「6＋9＝15→6」となり、飽和（15）する今の間（マ＝受容）を表します。

キリストのほうは「75」で、「調和した、核に、伝わる」となります。また、75を1桁化すると「7＋5＝12→3」で、ゼロ空間（12）で光（3）となります。イエスとキリストの両方の数霊の合計は、「69＋75＝144」になり、14と4で「核が、新たになる」となります。これまでの読み解きをすべてつなげると、イエス・キリストとは、「トーラスの転がり入り、転がり出る渦の循環により、飽和する受容の、調和した核に伝わる光であり、ゼロ空間で核が生み出す新たな光である」となります。この描写はイエス・キリストが光の神であり、天照大御神とまったく重なっていることを表しています。

そして、イエス・キリストの合計数144は12の2乗数で、数霊の中心の十字を表しています。イエスが球体の光の渦の意味を持っていますから、イエス・キリストとは太陽神で、やはり○十になります。つまり、カタカムナと同じなんですね。イエス・キリストのシンボルマークが十字架ですが、これはキリスト教も日本神道も、根源神になると同じ神を表していると言えそうです。先ほど説明した神道と仏教、そして天照大御神とキリスト教のイエス・キリストまでもが、カタカムナの中心でひとつになりました。

アベ・マリア　-4＋32＝28

アベ・マリアの数霊は「28＝サ」で「遮り＝神（28）」となります。「アベ」とは思念で読むと「命を外側へ出すもの」、マリアとは、「受容から離れる命を感じるもの」となります。明らかに「子宮」を表しています。命を生み出す「聖杯」です。数霊が28の遮りとは、先ほど神の数霊のところで述べたように、生命体を生み出す遮りであり、それが「神＝28」なのですから、命を生み出す子宮そのものがカタであり神であるということです。そう言えば、縄文遺跡から出る土偶は、すべて妊娠している女性を表していました。受胎した子宮とは、「父なる精子と、母なる卵子と、子なる生命」が一体となっているところです。これを命をつなぐ「三位一体《さんみいったい》」として縄文人は崇拝したのでしょう。

ルシファー　12＋23＋2＋18＝55

ルシファーの数霊は55です。同じ数字が続くときは「次々と起こる」という意味でしたね。1桁ずつ読み解くと「次々と、伝わるものが伝わる」となります。伝わるものとは、形として見え、伝わるものであり、それを伝えるものが、ルシファーだということになります。アベ・マリアが生命体を生み出す子宮であるならば、伝わるものとは生命体、つまり「生まれ出る生命」ですね。

その伝わる命に伝えるものがルシファーだということは、ルシファーとは「生命の種＝精子」ではないですか。父から子へと伝わる生命の種です。アベ・マリアが、聖杯で、母なる神だとしたら、悪魔だと言われてきたルシファーは、命を伝える、父なる神だということになります。そうしてその命が伝わり、生まれ出てきた光の御子がイエス・キリストであるという構図が見えてきます。なぜなら、アベ・マリアがキリストを生んだからです。

数霊はすべてを表します。ルシファーの55を表す、5月5日は、男の子の節句。つまり、男の子が、命の種、精子を持って生まれたことを祝う意味がありますね。一方、3月3日は女の子の節句。これは卵子と子宮を持って生まれてきたことを祝う日なのでしょう。

いかがでしたか？

日本の神々と世界の神々をいくつか、数霊で読み解いてみましたが、こう見てくると、違う宗教の、違う神々や仏が、数霊で読み解くと同じ意味を持っていることがわかり、中心で集約できることに気づきます。地球がひとつで、真理がひとつであるならば、真理を表す神が、いろいろ違うことのほうが矛盾していると言えるでしょう。同じであるとわかり合えれば、宗教による戦争や憎しみも意味がないことになる。数霊や言霊が、その真理を明らかにする助けとなり、平和へと近づける力となることを祈るばかりです。

宇宙に関する言葉を数霊で読み解く

次は、宇宙に関する言葉の数霊を読み解いてみましょう。まずは光と闇です。

光（ヒ・カ・リ）　1＋25＋8＝34

光とは、数霊で「34＝ロ」、つまり空間だというのです。空間とは「カタ」つまり身体や物質のことなので、身体は光でできているのでしょう。

身体（カラダ）の数霊を見ると「30」で、ソ＝外れるモノです。外れるものとはエネルギーが変わることによって移動する光（3）のことを表します。または3と0を1桁読みにすると「光そのもの」となりますね。

闇（ヤ・ミ）　15＋3＝18

ヤミとは、思念で読むと「飽和した光」となります。つまり闇とは光がいっぱいに詰まったものだと言うのです。光が「空間」で、闇が空間が詰まった、つまり「空間を失った光」を意味するとは、ビックリです。闇と光は両方とも光でできていたのですね。数霊では、ヤミは「18＝ア」で「イノチ」となります。つまり闇が生命エネルギーだということです。

ビッグバン　-1＋44－11－42＋48＝38

ビッグバンとは、宇宙の大爆発ですが、思念で読むと「根源に入って、集まり引き寄り、大きく引き合うもの」となり、次々と小さくなる、まるで特異点を表現しているようです。このように、思念で読んでまったく正反対の意味を表す言葉は、循環していると言えます。なぜなら、思念とは言葉が表現する前の段階、つまり、原因を表しているからです。思念が原因で、言葉がその結果を表しているのであれば、原因と結果がお互いに正反対になる言葉は、循環していると結論づけられるのです。ビッグバンの数霊では「38＝ヱ」となり、「届く」という意味になります。これは大爆発した結果、元の特異点に届くという意味で、ドーナツの穴から生まれたビッグバンは広がったものが、ループして始まりの穴に届くと言っています。ビッグバンが循環しているのであれば、届くとまた、ビッグバンが始まるのでしょう。

宇宙（ウ・チ・ュ・ウ）　19＋27＋37＋19＝102

宇宙とは、「102」、10と2に分けて読むと「統合する振動」となります。宇宙全体として振動はひとつに統合されているのですね。ということは、統合とは中心で行われるものなので、宇宙には中心があるということになります。1桁化すると、「3」で「光」です。宇宙＝光なんですね！

コスモス　16＋21＋33＋21＝91

コスモスも宇宙を表す英語です。「秩序」という意味を持っています。

91は逆数の原理で読み解くと「19＝生まれ出る」の反対の意味をとります。すべては根源から生まれ出てくるので、逆に「根源へと入る」という意味でしょうか。これを1桁読みの原理で読み解くと、9と1で「転がり入って、根源から出るもの」となり同じ意味が出ます。宇宙とはやはり、中心があり循環しているようです。「コスモス」という言葉は、「宇宙の循環」という意味なんですね。

ユニバース　37＋32－42＋21＝48

ユニバースも宇宙という英語の違う表現です。「ひとつになって回るもの」という意味を含んでいるそうです。数霊48とは「ン」。

「ン」は48音の「思いを強め、押し出すチカラ」です。4＋8＝12で、「ル＝止まる・留まる＝ゼロ空間」。そして1桁は「3」の光。つなげて読むと「根源から押し出す力により、根源のゼロ空間に帰る光」でしょうか。回転しながらひとつにまとまった宇宙を表していますね。

太陽（タ・イ・ヨ・ウ）　26＋5＋4＋19＝54

54は逆数の原理で読んでみましょう。逆数は「45＝存在」という意味で、「キ」です。これは井戸の井の真ん中に閉じ込められた「存在」を表しています。逆数の54になると、「外に出た存在」となりますね。存在とはいったい何でしょう。漢字から読み解くと、「存りて在るもの」という意味になります。これは、「神」を表す言葉だと言われています。

太陽とは、「外に出た神」なのですね。今度は、1桁ずつ読むと5と4は「陰・陽」となります。陰陽とは、「命」のこと。太陽とは「外側に生まれ出た命」という意味になります。そして1桁にすると「9」で「コ＝転がり入る・出る」と「テ＝発信放射する」。すべてをつなげて読むと、太陽とは「外に出た神であり、生まれ出た生命のことである。それは、転がり出て、転がり入り、発信放射するものである」となります。太陽とは、突き詰めると「人間の命」という意味になりませんか？

サン（SUN） 28＋48＝76

サンとは、英語で「太陽」を意味することは、みんな知っていますが、思念で読むと「遮りそのもの」ととんでもない意味になります。太陽が「遮りそのもの」？

みなさんは、この章の「神や仏に関する名前」の「神」という項目の読み解きを覚えていますか？　「神とは遮るもの」と出てきましたね。そして遮りとは、身体や物質を意味する「カタ」のことでした。つまり空間を作るということです。太陽（ＳＵＮ）が神であり、身体や物質のカタを作るものだと言っているのでしょうか？

カタカムナの宇宙観は、私たちが空間だと思っている外の世界は、エネルギーに充《み》たされていて、物質や生命体の中が、カタに閉じ込められた空間だと言っています。これは、昔否定された「エーテル」で宇宙は充たされているという説にとてもよく似ています。そして「サン（太陽）＝遮りそのもの」は、そのエネルギーで充たされたところに、遮られた空間＝生命体や物質を創るものだと言っていることになります。

それでは数霊を見てみましょう。「76」は1桁読みにします。「7＝ナとワ」。つまり「核の調和」・または「調和した核」です。何と調和しているのかというと核にある統合物は陰と陽ですね。これが結びついて一体となっているということです。「6＝マとム」です。「受容の広がり」または「広がりを持つ受容」となります。受容とは、ものを容れる空間の意味です。よく「子宮や身体」の意味で、言葉の中に使われています。2つの数字を足すと「7＋6＝13（ム）」でやはり「広がり」となりますね。1桁にすると「4」で「新しいもの、または、陽という生命エネルギー（トキ）」となります。つまり、受容の容れ物を充たしているのは「生命エネルギー（トキ）」なのです。

すべての数霊をつなげて読むと、サンとは「陰陽が調和した核の、受容の広がりに生命エネルギー（トキ）を充たすもの」となります。また、思念ではサンとは遮り＝神なので「神そのもの」であるとなります。確かに日本では太陽神の天照大御神を最高神としてあがめていますね。

また、受容の広がりとは、トーラスの真ん中にあく「穴」、そこが容れ物になっていて、中は「イマ」というトキで充たされている。トーラスの真ん中は、穴なので、「今」の受容中に充たされたエネルギーは粒子となって、反転して外に放出されます。カタカムナでは、エネルギーはトコロという遮りに囲まれた粒子だと言っています。これをトキ・トコロ＝陰陽と呼んでいます。それは基本的には太陽から発せられた「光子」でできています。すると太陽は実はトーラスの穴にいると言っていることになりますね。数霊の「3（サン）」は思念で「光」でしたね。だから、太陽はSUN（サン＝3）と呼ばれているのですね！

しかしその光子（3）が、時という生命エネルギー＝陽（4）になるためには、振動エネルギーがチャージされなければなりません。そして外に出た存在になるのです。つまり陽（4）とは、振動し励起した光子のことで、これが物質間の情報を伝達していると考えられます。つまり意識とはチャージされた光子の振動のことなのです。太陽、サンを読み解くと、宇宙の核心がわかってしまいます！

地球（チ・キ・ュ・ウ）・27＋29＋37＋19＝112

地球は思念で読むと「凝縮のエネルギーが湧き出て生まれ出るもの」となり、ぎゅうぎゅうと固まる力が湧き出て生まれ、できた天体であるとなります。

日本の国家「君が代」を思念読みすると、地球が生命の揺りかごとなるため、ぎゅうぎゅうと圧縮されていく様子が、描かれています。「さざれ石のいわおとなりて……」です。

数霊では「112」。11と2に分けて読み解くと、「引き寄る振動」となり、地球の中は、振動エネルギーで充たされているということがわかります。その振動エネルギーを、まともに受けている国が、日本ですね。地震、火山噴火、その他複数のプレートの摩擦や海溝の影響を受け、日本とは、地球内部からのエネルギーが噴出している場所のようです。そのため、世界有数の天災多発国家になっています。半面、清らかな水が滾々《こんこん》と湧き出て、国土は清められ、私たちは温泉に癒され、地球から大きな恩恵も受け取っていますね。

数霊に戻りましょう。「112」のすべてを足すと「4＝陽」です。

またここで「陽のトキエネルギー」が出てきましたね。それも当然です。SUN（サン）のところで述べたように、「凝縮から湧き出るエネルギー」とは「振動エネルギー」です。数霊の「11と2＝引き寄る振動」そのものずばり！　地球は振動エネルギー（陽）が湧き出る天体なのです。地球の中心にこそ太陽があるのです。

アース（EARTH）　18＋21＝39

地球という意味の英語「アース」を読み解いて、「地球」という日本語と意味を比べてみましょう。アースの思念は「感じる生命が一方へと進む」天体となります。一方へと進むとは、「まわりて・めぐる……」つまり、自転公転しながら渦を巻くという意味です。宇宙ではすべてが渦なので、直線で進むことができません。光も渦で進んでいます。地球が一回自転すると一日が過ぎます。太陽の周りを一回公転すると一年が過ぎます。つまりアースとは、「生命が一方方向へ進む＝生命が時を過ごす」天体であると言っているのです。

今度は、数霊で見てみましょう。「39＝ヌ」で思念は「突き抜く」ですね。これは、真ん中に穴があいているということです。地球とは「トーラスである」と言っているのですね。確かに、地球の核からは電磁波や電子などが南北の地軸に沿って放出され、また核に戻ってきています。この外に広がった空間を大気圏や電磁場圏と言っていますね。電子やニュートリノなどの量子にとっては、地球の真ん中は通路になっているのと同じなのでしょう。突き抜けているんですね。

日本語の「地球」は、「陽のトキのエネルギー」を表していました。「地球とはそのエネルギーが凝縮から湧き出る天体」という意味でしたね。英語の「アース」も「生命がトキを過ごす天体である」という意味になります。日本語が、地球の中心から表現しているのに対し、英語では地球を表面から見た言葉となっていることがわかります。

月（ツ・キ） 44＋29＝73

月を思念読みすると、「集まるエネルギー」となります。そしてツキというのは、たぶん、地球に「付いている」衛星という意味で「ツキ＝つき」と呼んでいるのだと思います。エネルギーとは陽のエネルギーですので、物理学的なことはわかりませんが、月は、地球内部から出た振動エネルギーを光と共に集めて返す役割をしているのではないでしょうか？「月読（ツクヨミ）」とは、「集めて引き寄せる陽の光」となります。そして、月を読むとは、「カレンダー」を意味し、トキのコトですね。先ほど述べたように「まわりてめぐる」自転公転のことを言います。地球の自転公転に、月の力がかかわっているのでしょう。

数霊は「73」で、逆数の原理を使うと「37（湧き出る）」の思念を逆にするので「73」は「注入する」となります。月は地球にエネルギーを注入している存在ですね。また1桁ずつ読むと「7（ワ・ナ）」と「3（ミ）」で、「調和する核の実体」となります。また73は「ナミ（波）」と読めますね。核は地球内部にある穴＝陰（凹）ですから、それと統合し、調和する実体（光）とは、陽の凸ですね。その役割が月だと言うのです。ということは、地球と統合している月の本体は、地球内部にあるということになります。太陽も地球内部にありましたね！　陰陽（☯）とは、太陽と月のことです！　実は根源とは中心のことなので、私たちが見ている外にあるものの源はすべて地球の内側にあるのです。太陽も

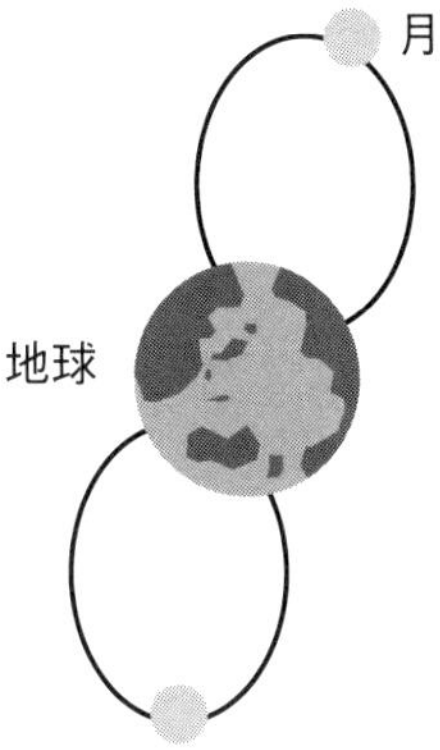

月もそして星も……。

最後に1桁化すると「7＋3＝10（ト・メ）」で「1（ヒ）」。統合を指向し、根源から出るとなります。つまり循環する陽のエネルギーを作り出しているのが月だということです。この真偽は、科学の発達を待たなければいけないでしょうね。

数霊、言霊の説明は、文章で読むと、なかなかついていけないでしょうが、思念表をそばに置いて、ひとつひとつ確認していけば、次第にわかるようになります。数霊は、練習し、直感が研ぎ澄まされれば、徐々に理解が深まっていく、今までになかったツールです。あきらめないでついてきてくださいね。

ムーン（MOON）13＋48＝61

月もやはり、英語で読み解き、日本語と比較してみましょう。

「ムーン」とは、「広がりそのもの」という意味ですね。伸びる音「ー」は何かとつながっている広がりを表しています。この場合はもちろん、地球と月の間にある広がりのことですね。

数霊では「61」。これも逆数の原理で「16（コ）転がり入る・出る）」の逆の意味を考えると、第2章で説明したように、今度は、「受容の広がりが出る・入る」となるのでしたね。月と地球を結んでいる広がりの容れ物ごと、地球の核へと入っているし、出てきている。つまり、月と地球は輪で結ばれているようです。それが地球内部でメビウスのように捻《ね》じれて中に入り、出てきていると考えられます。メビウスの捩れがほどけることで、地球を回転させているのかもしれません。この実証も科学の進歩を待つしかないですね。

人の名前は使命を表わす

吉田松陰（ヨシダ　ショウイン）　4＋23－26＝1
23＋4＋19＋5＋48＝99（1＋99＝100）

この人の名前はすごいとしか言いようがありません。

生命、宇宙は99でできています。それに＋1で100になると、裏表が反転するのです。徳川幕府を終わらせ、明治維新へと反転させた源の力となり、マコトを貫いて散っていった吉田松陰の生きざまをまさに表現した数霊です。

次元数は、「1」の「根源から出る」です。

徳川家康（トクガワ　イエヤス）　17＋11－25＋7＝10
5＋43＋15＋21＝84（10＋84＝94）

この人の数霊もすごいとしか言いようがない。徳川で10（トとメ）の「統合を指向する」となり、家康の84は、48（押し出すチカラ）の逆数で「中に入るチカラ」です。陰＝

凹との統合を指向するのは「陽凸」ですから、家康の「陽凸」が、陰凹の「中に入るチカラ」を持つことになります。

統合を果たすと、今度は、合計数が、94となり、「発信放射する陽のエネルギー」で、力を発揮すると出ます。徳川家康とは、天下統一する思いと力を兼ね備えた人物だったことがわかりますね。

次元数は「4」の「新しいもの・陽」です。

織田信長（オダ　ノブナガ）　40－26＝14
20－2＋14－25＝7（14＋7＝21）

もう、溜息《ためいき》しか出ない数霊です。織田で、14のナの「核・重要なもの」となる人です。信長で7の、これも「ナとワ」、核の調和です。陰陽の統合です。そして合計数が、21のスの「一方へ進む」となります。核となる重要人物で、核を調和させて、統合へと進む人ですね！　信長の生涯、そのままです。

次元数は「3」の「光」です。

豊臣秀吉（トヨトミ　ヒデヨシ）　17＋4＋17＋3＝41
1－9＋4＋23＝19（41＋19＝60）

これもすごいです。こんなことばかり言っている自分が嫌になりますが、本当ですから仕方ありません。豊臣で「41」。これは369魔法陣の中心の数字41＝ヲで「奥に出現する」です。

秀吉は、「19」で「生み出す」となります。姓と名で、「奥に出現するものを生み出す」人です。それは何かと言うと、合計数の「60」で、「受容そのもの」です。つまりすべてをつなげて読むと、豊臣秀吉とは、中心に出現するものを生み出す人、それは統合が入る受容（容れ物）だということです。つまり豊臣秀吉とは、徳川家康が天下統一をする下地を作った人という意味です。次元数は「6」の「受容」です。

西郷隆盛（サイゴウ　タカモリ）　28＋5－16＋19＝36
26＋25＋33＋8＝92（36＋92＝128）

西郷で「セ」の「引き受ける」です。責任感が強い方だったのでしょう。「36」は「核」という意味もあります。「カク＝36」です。隆盛で、「92」。これは「29」の逆数で「入っていくエネルギー」を表します。明治政府の中枢に入っていきます。最後に合計数は、「128」です。12と8に分けて読むと「12＝ル」はゼロ空間の止まるトコロ、つまり十字の中心です。8は「離れる」となるので、中心から去っていくことを表しています。つなげて読むと、「引き受けて核の中心に入るが、そこから離れる人となる」。これもまた、彼の生きざまとぴったり重なっています。次元数を見てみましょう。「1＋2＋8＝11（今）」となり、今に生きる人、そして次元数が「2」の振動です。

倭　建・日本　武（ヤマト　タケル）　15＋6＋17＝38
26＋35＋12＝73（38＋73＝111）

『古事記』では「倭　建」と表記され、『日本書紀』などでは「日本　武」と表記されています。しかしいずれも「ヤマト＝大和」と読みます。

「ヤマト」の思念読みは、「飽和した受容を統合する」という意味で、数霊は「38」で「ヱ」の「届く」ですね。「中から溢れ出して容れ物をすべて覆いつくす」という意味になりますが、私は、この表現から、ヤマトの「マ」とは、日本一国を指しているのではなく、球体である地球を指している気がしてなりません。つまり大和＝世界平和を意味していると思うのです。

漢字、言霊、数霊を駆使すると、ヤマト（大和）とは、「地球を、ぐるっと回ってひとつの地球として平和で覆いつくす」という意味になります。

「タケル」というお名前も、思念で「南北に分かれて放出するゼロ空間」という意味で、地球の「中心核と地軸」を表します。その数霊が「73」。逆数の原理を使い、「37＝湧き出る」の逆で「73＝注入する」ですね。タケルとは言霊で「放出する」、数霊で「注入する」を示すので、両方で「循環」を表しています。73の1桁読みでは「調和の実体」で⊕を表わしています。


また「武」の字は、ほこ「戈」を「止」める。という意味で、「戦いを止《や》めさせる」という意味があるそうです。ヤマトが「日本」という表記なので、主語は日本がくるのでしょう。

合計数が「111」。これが核の中の三本鳥居で、光が次々と出る源という意味です。これらの意味をすべてつなげて読むと、「ヤマトタケル」とは、「日本が戦いを止めさせ、世界を平和の光（111）で覆いつくす。そしてその平和の光は、地球の核から溢れ永遠

に循環する」というすばらしいお名前になります。世界が困難で溢れている現代に、日本

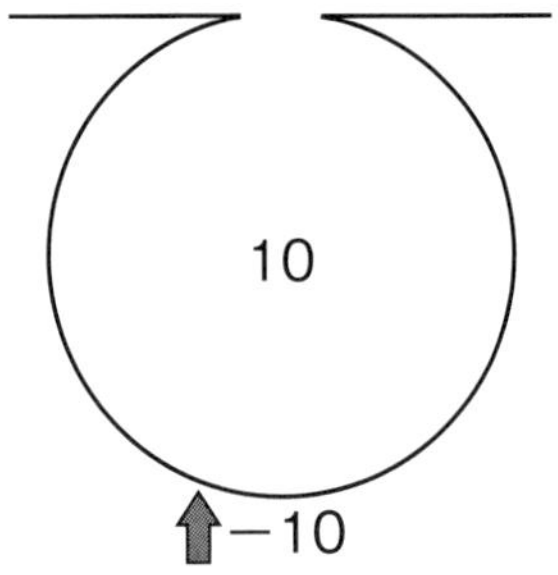

10を容れるモノ＝−10

が果たすべき役割をすべて表現したお名前をお持ちの方です。また、『古事記』の表記「倭建」のほうは「ワを建てる」つまり、ヤマトが世界平和という意味なので「世界平和の柱を建てる」と読むことができます。

「倭建命」そして「日本武尊」の御魂《みたま》を、今、日本人が蘇らせなければいけませんね！ 次元数は3の「光」です。

光源氏（ヒカルゲンジ） **1＋25＋12＝38**
-35＋48－23＝-10（38－10＝28）

光源氏とは、『源氏物語』の主人公ですが、どんな数霊を持っていたのでしょうか。

まず、光で、「38＝届く」となります。

源氏では、「-10」でマイナスが出てきます。マイナスをどう考えるかというと、10（統

合）を包み込む窪みだと思ってください。

そして、合計数が「28」は「遮り」であり「神」という意味でしたね。

つなげて読んでみると、「中心から届いて覆いつくす、統合したものを包み込む遮り」となります。つまり、光源氏とは、「統合した女性たちを包み込み、覆っている神のような人」だという意味です。物語そのままですね！　次元数は「1」で「根源から出る」です。

卑弥呼（ヒミコ）　1＋3＋16＝20

最後に、邪馬台国《やまたいこく》の女王、卑弥呼の数霊を読んでみましょう。

邪馬台国自体、未《いま》だにどこに存在するのか、確定されていません。まさに幻の女王です。彼女の数霊は、「20」で「時間をかける」ですね！

まさしく「卑弥呼」とはトキそのものであるような気がします。時とは、実は存在しないのです。光の振動であり、失っていくものです。名前から見ると、実在感が感じられません。次元数は「2」の「振動」です。「卑弥呼」が、日本を見下して呼んだ中国の表記であることを考えると、本当は「日御子（ヒノミコ）」と書いた可能性がありますね。数霊では「40＝陽そのもの」となります。すると日御子（ヒノミコ）とは「太陽の御子」つまり「天照大御神」のことを意味したのかもしれません。

歴史上の人物を、数霊や言霊で読み解いてきましたが、いかがですか？

ここで読み解いたお名前は、もうすでに人生が完結した方々のお名前です。最後まで見てこそ、そのお名前の本当の意味がわかるものです。現在、人生の途上である私たちの名前を読み解くことは、とても難しいと思います。なぜなら、今が、まだ未完だからです。不幸だと思っている人でも、これから大成功するかもしれません。またその反対もありますす。いずれにせよ、**名前とは自分が選んで持ってきたものです。自分はこんな人生を生きたいという思いが振動して、その名前がついているのですから、本来よい名前とか悪い名前はありません。**名前が、自分の人生を決めるのではなく、自分が名前を決めたのですから。自分が変われば、自然に周りが違う呼び方をし始めるものです。**どんな名前でも、自分の「氏名」は、自分が果たすべき「使命」を表現しているのです。**

第4章

数霊の多様な読み解き方法

日本語50音の中の「音のない49番目と50番目」の意味

それでは次に、その他の興味深い言葉を、数霊で読み解いていきましょう。読み解きながら、さらなる読み解き技術も身につけます。

メビウス　10－1＋19＋21＝49

メビウスとは裏表に接合された輪のことですね。思念で読むと「指向して根源へと入り、生まれ出て一方へ進む」となり、まさにぐるっと反転して出てくる様子が示されています。数霊の49は、1桁読みにして4（ヨ）と9（コとテ）で「陽が転がり入り、発信・放射する」と、やはり外から入ったエネルギーが、ぐるっとひと回りし、出てくる感じが数霊でも表現されていますね。

しかし、これでは新しい情報がなくて面白くありません。実は、もう少し深い意味を知る秘密の手法があるのです。それは、数の数霊を数えるということです。つまり、メビウスの「49」の意味をもっと深く知るために「ヨンジュウキュウ」と読んで、途中式や合計数を見る方法があります。面白いでしょう！　何でもできてしまいます。答えは、まず、ヨンジュウで、「4＋48－23＋37＋19＝85」、キュウで「29＋37＋19＝85」、2つとも「85」となります。「8」は次元数と言霊数が引き合うので2つの意味をとります。「85・85」と2つ一緒に読むと「2つが飽和して（折り返し）離れたものが伝わるもの」という意味を含んでいます。そして両方足し、「85＋85＝170」です。これは「17＝統合」と「0＝そのモノ・ゼロ」となり、メビウスの合計数「49」とは、170で「統合そのもの」と読み解けます。その統合の仕方も、途中式を考慮に入れると、一旦、離れた2つのものがひとつになるという統合であることがわかりました。

また、最後の「ゼロ」は「そのもの」と訳しましたが、第2章の「カミナリ」の読み解きでお伝えしたように、「ゼロ」は「反転」という意味を持っていましたね。メビウスが反転を供う統合であることがわかります。48音の次の「音のない49番目」とは、48音目の最後の「ン」で外に出た響きが、ふたたび「カタカムナ」に帰ってきてメビウス状に反転して結びつき、「統合そのもの」あるいは「統合してゼロになる」という意味だったのですね。次に50番目の「ゴジュウ」を計算すると、これも「17」で、やはり「統合」を表します。今度は言霊で「ゴジュウ」を読み解くと「転がり出る内なる示しが湧き出て生まれ出る」と同じ統合でも、49のゼロになる統合から、今度は、転がり出るものを生み出す、つまり根源から出るもの（1）を生み出す統合であることがわかります。この2つの違う統合の仕方で循環が生まれますね。

日本語の48音をよく50音というのは、実は存在しない2音が、陰陽の2回の統合により「0と1」を生み出すことを意味しているのかもしれません。

ココロ　16＋16＋34＝66

ココロの数霊は第2章で詳しく読み解きましたが、劇的に美しいです。合計数が66で、途中式を1桁ずつにすると「7＋7＋7」になりました。ラッキー777でフィーバーですね。また、合計数の66の前に「真」という字をつけて「真心（マ・ココロ）」とすると、「666」の悪魔の数字になるでしょう！　これは、真心こそが、思いを実現する「鍵」なのですが、その鍵を探させないように、666を悪魔の数字としたのだと思います。なぜなら人間が真心を持つと、自動的に思いが次々と現象化します。そうすると宗教はいらなくなってしまうからではないでしょうか。また、心の数霊「66」は「次々と受容（マ）するトコロである」という意味です。何を受容するかというと、すべては光なので、トキという振動する光です。トキを感じる容れ物が心です。そして「6＋6＝12」で、それは「ゼロ空間」であると出ます。そして、次元数は「3」の「光」です。

次に英語で同じ意味を持つハートを読み解き、比較してみましょう。

ハート　42＋17＝59

思念で読むと、ハートとは、「引き合うもの同士を統合するもの」となります。数霊では「59」です。「5＝イ（伝わるもの）」「9＝コとテ」で、「伝わるものが、転がり入って発信・放射する」となります。また「5＋9＝14→5」となり、14は「核・重要なもの」で「5＝伝わるもの」なので、これらの数字をつなげて読むと、ハートとは、「引き合うものを統合し、伝わるものが転がり入って発信・放射する。人間の核（14）であり、伝わるものである」となりますね。これは天照大御神とほとんど同義です。次元数は「5（伝わるもの）」です。ココロの読み解きと比較してみると、ココロが受け入れる容れ物という表現なのに対し、ハートのほうは、発信・放射して伝わるものという外に出る側面を表現した言葉だということがわかります。

思念表を使った言霊の読み解きと、1桁読みの原理の両方を使う

今まで48音の霊数はそのまま思念で読み解きしていましたが、その48音も1桁読みを加えることでよりわかりやすい読み解きができる例をお伝えします。

有難う（ア・リ・ガ・ト・ウ）　18＋8－25＋17＋19＝37

日本語で「有難う」という字は、「有ることが難しいほどすばらしい」という感謝の気持ちを示しているようです。

数霊は「37」で「湧き出るもの」です。まさに止めようとしても止められない。自然に湧き出る言葉ですね！　もう少し詳しく、1桁読みでも読み解きます。

「3＋7＝10」で光が調和して「トとメ」で、「統合を指向する」となり、次元数は「1」で「根源から出る」となります。すべてをまとめると、「有難う」とは、「湧き出る光が調

和して、統合を指向するモノが、根源から出てくる」言葉であるとなります。

海（ウミ）　19＋3＝22

ウミは22で「縁、外側」です。地球の大きなくぼみに溜った水分が海なので、それは地球の縁であり外側の部分になります。1桁読みにすると、「2＋2＝4」で「次々と起こる振動が新しくなるトコロ」となり、海の表面に絶えず引き起こされる波、または海中の潮の流れを意味します。

まとめると、海とは「地球の外側、縁を型どるものであり、常に次々と振動のエネルギーが起きゆらいでいる場所である」となります。

組み合わせると、関係がわかる言葉

次に、言葉を組み合わせると、関係がわかる言葉があります。父と母と子です。

誰もが知っているようで、理解できていないこの三者の関係を数霊で見てみましょう。

母（ハ・ハ）　42＋42＝84（中に入れるチカラ・離す新しいもの）
子（コ）　16（転がり出るもの）
父（チ・チ）　27＋27＝54（伝わる新しいもの（陰陽＝命の種））

母とはまさに「84＝離す新しいもの」ですね。8はヤの「飽和」という意味もとるので、子宮内で大きくなった胎児という意味も暗に含みます。母になるとは、子宮から新しい命を産み出し、離すことですね。

母＋子は、「84＋16＝100」になります。100とは、内外が反転を起こし、中が外に出てくるという意味です。母が胎内に子を持つと出産という反転が起こります。

父の数霊は「27＋27」で表せますね。これは「次々と出る凝縮したもの（チ・チ）」という意味で、「精子」を表します。そして合計数54はそのまま1桁で読むと「陰陽」となります。これは生命の種のことです。

父＋子は、54＋16＝70になります。父と子は、父の精子という「命の種＝陰陽＝54」で結びついています。父の数霊が「54」は、1桁読みでは「伝わる新しいもの（子の命）」ですね。

子とは「16＝転がり出るもの」ですね。その合計、父＋子＝70で、これは「ナとワそのもの」となります。つまり「核の調和そのもの」の関係です。生命の種で結びついています。また「ナワ（縄）」とは「ＤＮＡ」の二重螺旋そのものを表しているのかもしれません。

最後に、「父＋母＋子＝１５４」を読み解くと、「15」と「４」と読めば、「飽和する新しいもの」となり、生命が飽和して出てくることを示しますが、「１」と「54」に分けると、「54」は「父」の数霊が現れているので「父」の意味です。「１」が「根源から出る」ですから、１の根源とは母親の子宮のことを指していますね。つなげて読むと、「１と54」は、「母の根源から出た父」となります。少しわかりにくいですが「母から、もう一人の父が生まれ出た」ということかと思います。子供は父の種を受け継いだ、父の分身だからです。天皇制が父系で受け継がれていく理由は、ここにあるのかもしれません。

そして最後に１桁化すると「１＋54＝55・５＋５＝１」になります。第３章の「ルシファー」の読み解きで述べたように55は「次々と、伝わるものが伝わる」となり、種で子孫が伝わっていくことを表します。そして55を示す５月５日、それは「こどもの日」ですね。

本当に面白いです。三者がきちんと出てきますね。

「父＋母＋子」の三位一体になると、「次々と伝わるものが伝わる」となり、子からまた次の世代へと伝わり続けることを示唆しています。そして次元数1で、それが「根源から出る」となり人類の存続という意味になりました。このように、つながりのある言葉を足すことによって、それらの関係性が読み解けてきます。

本質的な言葉の数霊を覚えて利用する

3桁などの大きな数を、どのようにつなげて読んでも、ここで使った手法でわかるように、本質を表していましたね。本当に不思議です。

また、**「54＝陰陽」**など、本質的な意味を持つ数は、読み解きの中で、その意味を持つ言葉を表していると考えてもいいでしょう。ここでは、「54」の数字を、「陰陽」と読み、つながった読み解きの中で**「父」**と読みました。

そのほかにも**「28＝神」「34＝光」「36＝核」「66＝ココロ」「55＝ルシファー」「4＝数」**

「100＝反転の意味を表す」また**「103＝カタカムナ」**等々、代表的で本質を表す言葉の数霊を覚えておけば、直感がつながり、クリアーになってイメージが湧いてきます。ドンドン読み解く技術が磨かれていきますね！　次にそれらの本質的な言葉の数霊を使って言葉を読み解いていきましょう。

世界平和（セカイ・ヘイワ）　36＋25＋5＝66　22＋5＋7＝34（66＋34＝100）

これも、とても興味深い数霊を持っています。

まず、「世界＝66」となります。66は特別な数字でしたね。覚えていますか？　そうです。「ココロ」という意味でした。世界とは「ココロ」と出ます。そう言えば、この本で、私は「大きな歴史は、人間の集合意識によって動かされている」ということを書きましたね。世界とは、すべての人類が住む場所、人類のココロの表れであり、その集合意識によって、動いている場所なのでしょう。

次に平和とは、「34＝ロ」の「空間」と出ました。これも第3章の「光」の読み解きの中で、空間とは「光＝34」だと言いました。つまり、平和とは「光に充たされた空間」のことなのです。

そして、合計は「１００」で、「反転」の意味を持っていましたね。すべてをつなげて読むと、世界平和とは、**「ココロの空間を光で充たし、外側に反転すること」**となります。反転しなければいけないということは、現実は逆であるということも示唆しています。言葉の数霊が私たちに教えてくれる世界平和実現の方法とは、政治や外交、制度を変えるのではなく、心を変えることだと言っています。まず心を光で充します。心を光で充たすには、「１１１」の数が必要です。１１１で次々と光が溢れ出てきましたね。その数霊を持つ言葉は「感謝＝１１１」です（第2章・連続数の読み解き方参照）。また、そのほかにも「日本語＝１１１」があります。日本語を世界に普及することが、光に包まれる方向へと世界を導きます。また、『ハトホルの書』という本がありますが、この本の冒頭に「一なるものに捧ぐ」とあります。この「一なるもの」も、数霊で「１１１」を表します。「一なるもの」とは「生まれてくるイノチ」のことです。また、第3章で読み解いた「日本　武」尊も「１１１」の数霊を持っていました。「日本が戦いを止めて、世界の平和（大和）を実現する」という意味を持った尊（ミコト）です。日本中の戦いを平定し、大和政権の礎を築いた功労者が、「日本武尊」なのです。その大和の意味が「地球を和で包み込む＝世界平和」という意味の言霊を持っていましたね。日本人を今でもヤマト民族と呼ぶのも、日本人が世界平和を実現する使命を持っているからでしょう。しかしいくら心の中を光で充たしても「100＝外側に反転する」で、みんな心の中の光を外側に放出しなければ、世界平和は実現しません。溢れ出る心の光で世界を包み込む……あらゆる機会をとらえて、心からの感謝の言葉を表現し、すべての生命や物資に伝えていくことが大事なのでしょう。最後に、世界平和の次元数は「1」の「根源から出る」です。

数とは何か？

気になっているこの本のタイトルを読み解いてみます。

カタカムナ・数霊（カズタマ）・の・超叡智（チョウエイチ）
25＋26＋25＋13＋14＝１０３：25－21＋26＋６＝36：＋20：27＋４＋19＝50：43＋５＋27＝75（１０３＋36＋20＋50＋75＝２８４）

ずいぶん計算が長くなりましたが、合計数は「２８４」です。

カタカムナとは、⊕統合のマークです。「カタカムナ」の数霊は「１０３」で、「統合する実体」とそのまま意味が出ていますね。「カズタマ」の数霊は（ダジャレではありません）、「36＝セ」で、「引き受ける」という意味があります。「核＝36」の意味もありましたね。

助詞の「ノ」は「20」で、「時間をかける」という意味です。

「チョウ」は「50＝伝わるものそのもの」となります。カミナリが50だったので「超」とは雷のように激しく伝わるという意味でしょう。そして「エイチ」は、「75」で、「調和が、伝えるもの」。超叡智とつなげると１２５で「ゼロ空間（12）が伝えるもの（５）」、あるいは、１２５を１と25に分けて「１（根源から出る）」「25（チカラ）」と読むこともできます。

そして合計数「２８４」は「28」と「４」に分けるほうが、思念表を使うことができ、読み解きが楽ですね。28は「サ＝遮り」という意味があり、それは「神」を表しました。

また、この本は数霊の本なので「数」は「25－21＝４」、「数（スウ）」と読んでも「21＋

19＝40」で「4そのもの」となるので、ここでは4を「数」と訳してもいいと思います。

すると28・4は「神の数」と訳せます。

しかし、思念に忠実に読むと、「遮った陽のエネルギー」となります。そしてそれは「数」を表わすので「遮られて粒子状態となった陽のエネルギー」のことだと思います。

また、1桁読みの原理で2・8・4を読むと「振動が飽和して離れた陽・新しいもの」で、その陽とは最後の4で「数」のことでしたね。読み解きの中で、「数」とは何かが次第に理解できてきました。数とは、光が振動する陽のエネルギーが遮りの中で粒子となって、振動から離れてくるもの……それが「数」だと言っています。最後に、これらすべての数字をつなげて読んでみましょう。もう一度ここに数をまとめます。

カタカムナ＝103
カズタマ（36）＋ノ（20）＝56
チョウ＝50
エイチ＝75
（チョウエイチ＝50＋75＝125）の意味も持つ

合計＝２８４（２＋８＋４＝14・１＋４＝５）　次元数５

すべてをつなげて読むと、

「カタカムナ　数霊の超叡智」とは、統合する実体、カタカムナの核にある時間をかけた受容から強く伝わるものそのものである。それは時空間（＝陰陽）が調和して伝える粒子に分かれた陽の振動エネルギーであり「神の数」である。

となります。

この本のタイトルは、数霊を読み解いて、それを知って名づけたものではありませんが、図らずもこのような意味を持っていたので心からうれしいです。また２８４は「タケハヤスサノヲノミコト」の数霊「２８４」と同じです。（「スサノヲ」の表記はカタカムナウタヒに拠っています）。実は言霊と数霊で読み解くと、スサノヲノミコトこそがカタカムナ神であることがわかります。この本の出版がカタカムナ神、スサノヲノミコトの復活につながるものであればこれほどうれしいことはありません。

重要な数霊を持つ言葉

ここまでは、言葉に秘められた数霊を読み解いてきましたが、ここから、重要な数霊の中で、主に連続数を中心に、どんな言葉がその数霊を持つのかを見ていきたいと思います。第2章の「逆数の原理」の中で、逆数になる数はたくさん説明しましたが、連続数（11や77など）はその中に含まれていませんでした。連続数はとても大切なので、ここで紹介します。また、そのほかの重要な数霊を持つ言葉もいくつか掲載しました。本書の中に出てきた言葉も、もう一度、ここにまとめています。そして簡単な解説を載せています。数霊を計算し、その数が、どんな言葉と本質が一緒なのかを知ることは、読み解きの大きな力になります。ここに掲載している言葉以外でも、ご自分で、数霊帳を作って、数霊ごと、48音ごとに分けて整理すると、今後の読み解きにとても便利です。練習にもなるので、ぜひ、やってみてくださいね。

100 「反転する」という意味を持つ

鳴門のしくみ（ナルトノシクミ）：43＋20＋37＝100
（ナルト・14＋12＋17＝43：ノ・20：シクミ・23＋11＋3＝37）

吉田　松陰（ヨシダ　ショウイン）：1＋99＝100
（ヨシダ・4＋23－26＝1：ショウイン・23＋4＋19＋5＋48＝99）

常世の国（トコヨノクニ）：17＋16＋4＋20＋11＋32＝100

韓国（カンコク）：25＋48＋16＋11＝100

共栄（キョウエイ）：29＋4＋19＋43＋5＝100

救命・究明・九名・旧名（キュウメイ）：29＋37＋19＋10＋5＝100

世界平和（セカイヘイワ）：36＋25＋5＋22＋5＋7＝100

創造主（ソウゾウヌシ）：30＋19－30＋19＋39＋23＝100

鳴門のしくみとは、渦の放出が、また核へと戻ることで外から内へと反転を起こす仕組みのことです。吉田松陰は、名前の読み解きですでに読み解きましたが、明治維新を起こすきっかけを作り、世の中を反転させせました。常世の国とは、カタカムナの⊕の統合するところのことで、反転を起こします。韓国が反転を起こすとは、ある意味、反日で日本を覚醒させせてくれる役割を担ってくれ、世界を変える大きなきっかけを作ってくれる国です。「キュウメイ」とはどれも反転します。命の危機から救う反転を起こす救命、旧名は反転して今は昔、9名で一人増えると10名になり1桁で反転して1に戻りますね。世界平和は、すでに読み解いています。創造主も100です。創造するとは反転を起こし現象化することなんですね！

11 引き寄る（今）

今（イマ）：5＋6＝11
姫（ヒメ）：1＋10＝11
舞・my（マイ）：6＋5＝11
君が代（キミガヨ）：29＋3－25＋4＝11
ユダ：37－26＝11

御幣（ゴヘイ）：−16＋22＋5＝11
続く（ツヅク）：44−44＋11＝11
届く（トドク）：17−17＋11＝11
科学（カガク）：25−25＋11＝11
テープ：9＋2＝11

今も姫も命のエネルギーを引き寄せるものです。姫は命を宿します。踊りは外側にエネルギーを拡散しますが、舞は、中心にエネルギーを引き寄せ、柱を建てることです。「君が代」は今の命を表す歌。続く、届く、科学もすべて何か新しいものを引き寄せるためのもの。御幣も稲妻型に折りたたみ引き寄せたものです。

110 引き寄るものそのもの

スサノヲ：21＋28＋20＋41＝110
生活（セイカツ）：36＋5＋25＋44＝110

ランドセル：31＋48－17＋36＋12＝110
大日如来（ダイニチ・ニョライ）：38＋72＝110
（ダイニチ・－26＋5＋32＋27＝38：ニョライ・32＋4＋31＋5＝72）

スサノヲのミコトとは、カタカムナの神で、重力そのもののため、引き寄るものです。ルシファーと対応しています。生活は、毎日引き寄るものですね。ランドセルは背中に引き寄るもので、大日如来も、今に引き寄る太陽神を抱いた仏です。

111 根源から次々と出る光

感謝（カンシャ）：25＋48＋23＋15＝111
シオン：23＋40＋48＝111
日本語（ニホンゴ）：32＋47＋48－16＝111
一なるもの（イチナルモノ）：5＋27＋14＋12＋33＋20＝111
大御神（オオミカミ）：40＋40＋3＋25＋3＝111

熊本地震（クマモト　ヂシン）：67＋44＝111
（クマモト・11＋6＋33＋17＝67：ヂシン・−27＋23＋48＝44）

日本武・倭　建（ヤマト　タケル）：38＋73＝111
（15＋6＋17＝38：26＋35＋12＝73）

チャンス：27＋15＋48＋21＝111

感謝は、心の中を光で充たします。日本語を話すとは、光を放すことであり、言霊で次々と光が放たれます。大御神とは天照の太陽神が光を放つことを意味しています。熊本ヂシンと読めば、111となります。被害にあわれた方は大変ですが、これは、ある意味地球内部から光が放たれるきっかけとなった地震かもしれません。新しい時代の始まりを意味していると思われます。ヤマトタケルも第3章で詳しく読み解きましたね。チャンスとは、光り輝かせるものです。

22 外側、縁

ヌード：39－17＝22
姿（スガタ）：21－25＋26＝22
産み・海（ウミ）：19＋3＝22
羊・未（ヒツジ）：1＋44－23＝22
糸（イト）：5＋17＝22
膨張（ボウチョウ）：−47＋19＋27＋4＋19＝22
メール：10＋12＝22
古事記・乞食（コジキ）：16－23＋29＝22
留める（トドメル）：17－17＋10＋12＝22

ヌード、姿とはまさしく外側、海も水面は、地球の外側を示します。産みは生命体を外側に出す行為。羊の毛皮は外側ですね。膨張も外側が膨らむこと。メールも糸も外側を結ぶもの。古事記は、外側の物語でしょうか？　読み解けば深い……真実は見えないところに隠されているのかもしれません。留めるとは最後に外側を封することですね。

33 漂う

始まり（ハジマリ）：42－23＋6＋8＝33
弁護士（ベンゴシ）：-22＋48－16＋23＝33
祖神（オヤガミ）：40＋15－25＋3＝33
自由・銃（ジユウ・ジュウ）：-23＋37＋19＝33
祈り（イノリ）：5＋20＋8＝33
事・九十（コト）：16＋17＝33
メクル：10＋11＋12＝33

始まりは、未だ行き先が見えず、漂う状態。弁護士は両者を漂い取り持つ役目。祖神とは漂い守るもの。自由はまさに漂ってもOKという意味。銃は弾丸が漂うものですね。祈りとは思いを漂わせること。コトとは「そういうコト」と九十で統合したものが「1」となり漂う。メクルとはヒラリと漂わせ反転させることですね。

44 集まる

土地（トチ）：17＋27＝44
動物（ドウブツ）：−17＋19−2＋44＝44
地震（ヂシン）：−27＋23＋48＝44
臭い（クサイ）：11＋28＋5＝44

土地は大地の集まり、動物は動く生き物の総称。地震は振動の集まり。どんないい香りも、集まると臭くなりますね。

55 伝わるものを伝えるもの（生命の種）

ルシファー：12＋23＋2＋18＝55
北（キタ）：29＋26＝55
西（ニシ）：32＋23＝55

存在（ソンザイ）：30＋48－28＋5＝55
清める（キヨメル）：29＋4＋10＋12＝55
花火（ハナビ）：42＋14－1＝55
One（ワン）：7＋48＝55
父音（フイン）：2＋5＋48＝55
弓矢（ユミヤ）：37＋3＋15＝55
親（オヤ）：40＋15＝55
靴（クツ）：11＋44＝55
進む（ススム）：21＋21＋13＝55
消しゴム（ケシゴム）：35＋23－16＋13＝55
尿（ニョウ）：32＋4＋19＝55
プレゼント：2＋24－36＋48＋17＝55
トータル：17＋26＋12＝55

ルシファーが命の種だとは何度も言いましたね。北と西が55なのは、北は伝わるものが伝わるところ（入ってくるところ）、西は夕陽が沈むところで、やはりエネルギーが中に入るところ。花火も次々と火花が伝わって伝えるモノ。弓矢もそうですね。弦《つる》を引いて発信を伝えます。親もDNAなどいろいろなものを伝えています。尿も水分を出すだけではなく、身体の調子や、さまざまな身体の中にある情報を伝えていますね。ここではすべての解説はしませんが、残りはみなさんが直観で感じとってみてください。

66 需要を受容する（次々と受容する）

心（ココロ）：16＋16＋34＝66
世界（セカイ）：36＋25＋5＝66
桃・百（モモ）：33＋33＝66
松ぼっくり（マツボックリ）：6＋44－47＋44＋11＋8＝66
カメラ：25＋10＋31＝66
雑巾（ゾウキン）：－30＋19＋29＋48＝66
雪・之・幸（ユキ）：37＋29＝66

仲よし（ナカヨシ）：14＋25＋4＋23＝66
フクロウ：2＋11＋34＋19＝66

心とは、感情の容れ物であり、また、外に循環させるトーラスの穴です。出たものが入ってきます。世界も人類のココロの集合意識です。雑巾が心とは……身を捨ててほかの汚れをふき取るのが雑巾。自分の心を雑巾にすると外の世界をすべて浄化できますね。雪は次々と降りつもり受け容れます。仲よしとはお互い受け容れる関係ですね。

77 次々と調和する核

金・菌（キン）：29＋48＝77
覚醒（カクセイ）：25＋11＋36＋5＝77
根源（コンゲン）：16＋48－35＋48＝77
ホドケル：47－17＋35＋12＝77
睡眠（スイミン）：21＋5＋3＋48＝77

アクセル：18＋11＋36＋12＝77
三本（サンボン）：28＋48－47＋48＝77
走る（ハシル）：42＋23＋12＝77
カラス：25＋31＋21＝77
におい：32＋40＋5＝77
鉱物（コウブツ）：16＋19－2＋44＝77
侍（サムライ）：28＋13＋31＋5＝77
リンス：8＋48＋21＝77
走る（ハシル）：42＋23＋12＝77
悲惨（ヒサン）：1＋28＋48＝77

77はもっとも大事な数霊のひとつです。核は「77」でできており「7＋7＝14」の「ナ＝核」になります。覚醒するとは、次々と調和を起こす核「77」を持つということ。睡眠とは、核と調和すること。睡眠学習とは、寝ている時間に根源に入って無意識の中で学ぶことなんですね。77は、根源なので、いいことと悪いことがすべて出てきます。悲惨などもここから出ます。しかし、それをどう受け取るかは、受け取るほうの自由なのです。66で出てきたように、ココロを雑巾にすると浄化できますね。そして仕えなくなった雑巾はそのまま捨てて、新しい雑巾に代えましょう！

88 飽和して次々と離れる

聖杯（セイハイ）：36＋5＋42＋5＝88
（セイ：36＋5＝41（ヲ）：ハイ：42＋5＝47（ホ）
一厘・一輪（イチリン）：5＋27＋8＋48＝88
十二支（ジュウニシ）：−23＋37＋19＋32＋23＝88
音（オン）：40＋48＝88

聖杯が「88＝ハハ」と呼べる数霊なのは興味深いです。また聖で41「奥に出現するもの」、つまり子の命を、杯で47「引き離す」とそのまま母の本質がでています。母は、子宮から子供を離し、その後、子供は自立して母から離れていきますね。また、母という字は、口を÷（割）っています。これは単細胞だった卵子が、次々と細胞分裂し、胎児の身体を創っていくことを表しているのでしょう。寂しいですが、母とは、自分を割って離していく人なんですね。一厘、音なども次々と離れていくものです。

41 奥に出現する

菊理姫（ククリヒメ）：11＋11＋8＋1＋10＝41
足・葦（アシ）：18＋23＝41
ほどく：47－17＋11＝41
閉まる（シマル）：23＋6＋12＝41
伊勢（イセ）：5＋36＝41
歩く（アルク）：18＋12＋11＝41
過去（カコ）：25＋16＝41
母乳（ボニュウ）：－47＋32＋37＋19＝41
切る・着る・kill（キル）：29＋12＝41

まとまる：6＋17＋6＋12＝41
ドーナツ：−17＋14＋44＝41
負け（マケ）：6＋35＝41

「ほどく」と「閉まる」が「41」であることは、41が今まで見てきたように、中心を「開閉する場所」だったことからピッタリです。また、41の「ヲ」が、命の中心、太陽神を祀る「伊勢」であることは納得がいきますね。過去は、今の奥に出現して、何かと圧力を加えようとしますが、今がその影響を振り切れば過去は変わります。ドーナツの穴は「奥に出現するもの」ですね。

18 感じる、生命

水（ミズ）：3−21＝−18
闇（ヤミ）：15＋3＝18
原爆（ゲンバク）：−35＋48−42＋11＝−18

丸（マル）：6＋12＝18
ウサギ：19＋28－29＝18
宮（ミヤ）：3＋15＝18
大脳（ダイノウ）：-26＋5＋20＋19＝18
人（ヒト）：1＋17＝18

水は「-18」つまり、「感じる・生命」の容れ物だということです。また、闇は光の元、つまり生命そのものでしたね。ということは、水の中には、闇が入っているのかもしれません。原爆が「-18」とは、命を奪うものという意味ですね。ウサギが18なのは、十二支のところで説明していますが（第5章参照）、卵子を意味するからです。大脳が感じるところであることは、明らかですし、宮とは、子宮を表し、命を育む命そのもののところです。人は当然、感じる生命そのものですね。

28 遮り

神・上・紙・髪（カミ）：25＋3＝28
雨・飴・天・編め（アメ）：18＋10＝28
ミクマリ：3＋11＋6＋8＝28
正しい（タダシイ）：26－26＋23＋5＝28
意思・石（イシ）：5＋23＝28
アベ・マリア：－4＋32＝28
（アベ・18－22＝－4：マリア・6＋8＋18＝32）
井戸（キド）：45－17＝28
talk（トーク）：17＋11＝28

神が遮るものであることはすでにお伝えしましたね。そのほかのカミの字「上・神・髪」も実は神の本質を表わしているので「カミ」と呼ばれているのです。雨は水の粒で、命を含む遮りです。ミクマリとは、カタカムナの中心図象のひとつで、陰陽を表します。

時空間の遮りを持つものです。アベ・マリアは聖杯という生命を生み出す子宮の役割を持っておられる方で、命を産み出す子宮は、神なる遮りです。井戸は、まさに水を入れる遮りですね。トークとは話し相手という遮ぎられた間での会話です。

36 引き受ける（中心核）

富士の仕組み（フジノシクミ）：2－23＋20＋23＋11＋3＝36
WILL＝意志（ウイル）：19＋5＋12＝36
数霊（カズタマ）：25－21＋26＋6＝36
指（ユビ）：37－1＝36
核（カク）：25＋11＝36
ワクワク：7＋11＋7＋11＝36
imagine（イマジン）：5＋6－23＋48＝36
プロ：2＋34＝36
原子（ゲンシ）：-35＋48＋23＝36

風呂（フロ）：2＋34＝36

36の「引き受ける」とは、核の役割を担うということです。富士の仕組みは、核の仕組みのことであり、意志（ウイル）は、まさに引き受ける覚悟、ワクワクするとは、引き受ける気満々の状態で、「イマジン」の想像するとは「創造する」と同義で現象化を引き受けるということ。原子は引き受ける核を持つものですし、プロは引き受けて仕事をきちんとする人、数霊とは、音の意味を引き受けた数ですね。

69 受容が転がり入る、広がりが発信・放射する

視床・支障・師匠・死傷（シショウ）：23＋23＋4＋19＝69
京都（キョウト）：29＋4＋19＋17＝69
トーラス：17＋31＋21＝69
お礼（オレイ）：40＋24＋5＝69
震える（フルエル）：2＋12＋43＋12＝69

憎しみ（ニクシミ）：32＋11＋23＋3＝69
ギュッと：-29＋37＋44＋17＝69
運動（ウンドウ）：19＋48－17＋19＝69
暗号（アンゴウ）：18＋48－16＋19＝69

69はトーラスの循環を示しています。外から中へ入ってくる方向性が優位ですが、69と96は回転するとまったく同じになるので、方向性はあまり気にせず、両方とも「トーラスの循環」を示していると理解してください。「憎しみ」も「震える」も募ってきて、それが抑えきれない発信・放射となります。「ギュッと」とは、抱きしめられた圧力から、喜びや痛みなどが発信・放射します。暗号は、中に込められたものが発信するものです。

96 転がり入る受容、発信・放射する広がり

天皇（テンノウ）：9＋48＋20＋19＝96
バンアレン：-42＋48＋18＋24＋48＝96

電離層（デンリソウ）：－9＋48＋8＋30＋19＝96
一一一（イチイチイチ）：5＋27＋5＋27＋5＋27＝96
開放・解放（カイホウ）：25＋5＋47＋19＝96

96は、どちらかと言うと外へと出ていく意味が優位ですが、トーラスの循環を表すので、回転すると69と同じになります。天皇とは、核に転がり入り、象徴として発信・放射する人。地球を取り巻くバンアレン（帯）は地球内部から地球外部へと出て、循環しているトーラスです。電離層もそうですね。一一一とは光のことですから、トーラス運動をしています。開放とは、内側に入ったエネルギーが外へと放たれることですね。開放されたものは、循環の環《わ》の中で、また戻ってきます。

103 統合する実体

カタカムナ：25＋26＋25＋13＋14＝103
フリーメイソン：2＋8＋10＋5＋30＋48＝103

考える（カンガエル）：25＋48－25＋43＋12＝１０３
新しい（アタラシイ）：18＋26＋31＋23＋５＝１０３

カタカムナが㊉の当体なので、「１０３＝統合する実体」はまさにピッタリです。

フリーメイソンが、カタカムナと同じ数霊であることは、崇拝しているものが同じだということになります。彼らは、カタカムナの仕組みを、形を変えて崇拝している団体なのかもしれません。考えるとは、統合しようとすることですね。「新しい」とは、古いもの同士が統合してできたものです。親から生まれ出た子供がまさにそうですね。

いかがでしたか？

ここで挙げた例はほんのわずかですが、どれも説明を簡単にしました。直観力が磨かれつつある読者のみなさんは、すぐにピンと感じることができたと思います。

第5章

カタカムナで読み解く十二支の意味

十二支とは

神社に行くと、石灯籠《いしどうろう》などによく十二支の動物が描かれていたりします。神話の中にも、神様のお名前が「猿田彦」だったり、八岐大蛇《やまたのおろち》という大蛇が出てきたりします。また、ウサギや長鳴き鳥なども登場しますね。また、龍とはいったい何でしょうか？

これらの動物をカタカムナの思念で読み解くと、象徴的な意味が出てくることがあります。動物が象徴する意味を知ることは、神話などの謎を解く大きな手掛かりになる可能性があるのです。この章ではカタカムナの数霊と言霊を使って、私たちが生まれた年を示す十二支の動物の意味を読み解いてみたいと思います。つながっていろいろな謎が解けるということを実感していただけるのではないでしょうか。

十二支の起源は、詳しくはわかっていないようです。方位などと組み合わせて占いなどにも用いられていますが、特に東アジア、日本、中国、韓国、ベトナムなどの国で、用いられており、対応する動物も、少しずつ違います。特に最後の「亥（イ）」には、私たち日本人は、「猪（イノシシ）」をあてますが、そのほかの国は「豚」をあてています。

私たちは、年齢を聞く代わりに、よく、「何年生まれ？」などと聞き合いますね。日本人は、干支《えと》を自分の生まれ年の印として割と気にしているのですが、それがいったい何を意味しているのか、知っている人はほとんどいないのではないでしょうか。カタカムナの思念と数霊で、これらの十二支を読み解いてみると、実は、ほかの国が「豚」をあてていて、日本だけが「猪」としているこの「亥」を生み出すことが、この十二支の最終目的であったことが読み解けるのです。

思念表を参照しながら、イメージを駆使してついてきてくださいね！

●子（ネ）

子とはネズミを表します。ネとは「46＝充電する」という思念です。

充電するとは「チャージすること」。そして漢字表記は「子」つまり、子供を表していますね。

これは「子供を創るためにチャージするもの」という意味で「子供の種＝精子」、あるいは「男性器」を表していると思われます。ネズミが男性器？　唐突な始まり方ですね。

●丑（ウシ）

ウシを思念で読むと、「生まれ出る示し」となります。数霊は「19＋23＝42」つまり、「ハ＝引き合うもの」ですね。

これは先ほどの子（ネ）＝精子・男性器と引き合うものということで、女性器を示していると思われます。出産で赤ん坊が出てくるところ（生まれ出るものを示すトコロ）が女性器ですから。それに「うし」とは、「牛」のことですが、丑と書いて、2段階の口を表現しているのは、出産を考えると、まず上の口は子宮口、そして下の口は会陰を表しているのかもしれません。ここは赤ちゃんが出てくるところ……まさに「うし＝生まれ出る示し」を表すトコロですね！

●寅（トラ）

トラの思念は「統合する場」ですね。そして数霊は「17＋31＝48（ン）」です。「ン」とは、強く押し出すこと。男女が統合する場で、強く押し出すものとは、セックスによって射精することでしょう。本にこのような内容を赤裸々に書くことはやはり躊躇《ちゅうちょ》されますが、長年の謎、その真実をそのまま読み解くことのほうが大切だと思うので、このまま臆せず語りますね。トラが黄色と黒の縞模様なのも、違う2つが入り交じり、結びついたことを象徴しているのではないでしょうか。

●卯（ウ）

ウとは「生まれ出るもの」で、数霊はそのまま「19」です。生まれ出るものとは、赤ちゃんですが、ここでは、まだ精子が射精されたばかりですので、これは赤ちゃんの卵、つまり「卵子」の意味でしょう。子宮内に卵を産むのですね。ウサギの「卯」が、「卵（タマゴ）」に酷似していることからも、それがうかがわれます。しかし、卵にある中の「ハ」が、「卯」にはありません。

これは実は排卵されたけれど、まだ受精されていない卵子を表しているのです。精子が届く前に、まずは排卵がなければ、受精しませんよね。その「卯」に受精するものは……実は、先ほどの「寅」の字の一番下についている「ハ」が降りてくるのです。面白いでしょう。そして「卯」は受精して「卯＝受精卵」になります。ここから、ウサギ＝卯は、実は女性の卵子（ランシ）を象徴していると推測できます。六甲山に、六甲比命大善神《ろっこうひめだいぜんしん》という巨大な磐座がありますが、これが「ウサギ」の形をしていると言われています。私が、この干支の意味を読み解いたことによって、その磐座に隠されていた深い意味がわかったということがありました。そのことで、ひとつの大きな謎が解けたのです。みなさんも、神話や神社でウサギに出会ったときは、もしかしたらこのウサギは「卵子」を示唆しているのかも……と考えてみてください。次に続く「生命の誕生」のことを伝えているのかもしれません。

●辰（タツ）

次に、辰の思念は「分かれたものが集まる」ですね。もうおわかりですね。

そう、精子と卵子が本当の意味で統合することが「タツ」ですね。そして数霊は「26＋

44＝70」で「調和そのもの」。ぴったりです。数のゼロは「そのもの」と訳しましたね。また、漢字が「辰」と書いてあります。これは「振動」の「振」と似ていますね。

そう、卵子と精子が統合し、結びつくためになされるべきこと。それが「振える」ことなのでしょう。精子が卵子の殻を破るために振動する。卵子の核へと統合するために振動、そして、卵子が細胞分裂していくための振動……命が生まれる過程は、何らかの周波数(振動)が変化することで進んでいるのではないでしょうか？　受精からのすべての過程が、生命を創造するための辰＝つまり「調和のための振動」によって行われることを示唆しています。

●巳（ミ）

巳とは、蛇のことですね。思念では「実体・光」です。そしてその数霊は、そのまま「三（サン）」、ほら、カタカナの「ミ」とほとんど同じ字の形ですね（ミ＝三）。また、「サン」は英語で sun ＝太陽のこと。

これも深い意味があります。つまり数字の三は太陽神、天照を表しているんです。精子と卵子が調和統合して、実体が生まれたのです。それが「光であり、実体」。そして太陽神である天照大御神。

つまり「新しく生まれる生命」のことを言っています。カタカムナの思念で読み解くと、天照大御神とは、自分自身の中にある内なる神のことでした。

また、言語が違っても、同じ音は、同じ思念で読み解けます。だから音霊、言霊が宇宙法則なんですね。「巳＝ミ」は英語で「me」。つまり「私」のことになります。子宮の中に生まれたのは「私の命」だととれますね。

そして、この「巳」という字は、実は「me＝私」という意味の「己（おのれ）」の元になる字だと思います。「オノレ」とは、「奥深く（オ）から時間をかけて（ノ）消失する（レ）もの」……つまり子宮から生まれ出る生命のことを言っているんですね。そして、私の生命は、胎内にいるときは一方の寿命を失う口のほうが、未だ閉じているのです（巳）。生まれ出て両方が開くと「己」となり、寿命が刻々と失われていきます。「己」の字は、「コ」と逆向きの「コ」がひとつに統合した形ですよね！　これはトキが転がり入り（コ）、反対に転がり出るという、メビウスの反転を伴うトーラス循環を表したものです。胎内の「巳」とは「ヘビ」のことですね。つまり「とぐろを巻く渦」を表しています。ヘビの思念は「外側（ヘ）へと、根源から出る・入る（ビ）」＝トーラスであり、やはり循環を表します。言霊、数霊、音霊・形霊を駆使すると、まったく見えなかった世界が手にとるように見えてきます。謎が、するすると解けてきます。

●午（ウマ）

「ウマ」を思念で読むと、「生まれ出るものの受容」、つまり「胎児の容れもの＝子宮」の意味だとわかります。

また、数霊で「19＋6＝25」、「25＝カ」で、カとは重力のこと。大地へと産み出すチカラを持つものという意味でしょう。ちなみにウマを「馬」とは書かずに「午」と書いているのは理由があります。

漢字を読み解く手法のひとつ、破字にして読み解いてみましょう。「午＝ノ＋一＋十」になりますね。これは「時間をかけて（ノ）、根源から出るもの（一＝ヒ）を統合する

（十）もの」となり、まさしく「子宮」を言い表しています。

●未（ヒツジ）

ヒツジを思念読みすると「根源から出る（ヒ）ものが、集まる（ツ）、内なる示し（ジ）」となります。濁音の「ジ」は、「内なる示し」という意味になります。濁音になると方向性が反対になり、外側が内側になります。

そして数霊は「1＋44－23＝22」で「へ＝外側・縁」です。生命の外側を包むものとは「身体」のこと。つまり、子宮内部で卵子の細胞分裂が次々と進み、肉体が創られていく過程を言っています。

胎内にいる十月十日（とつきとうか）の過程で、新しい命は、まさに、単細胞の卵子から、徐々に複雑な魚類・鳥類・哺乳類へとその生命の進化を順に経験しているはず……その過程を「ヒツジ」と呼んでいるのです。

そしてその漢字は「未」＝「いまだ……ない」という意味ですね。これはいまだ「人」

には至っていないという意味で、「未」とは、人間へと至る進化の脈動すべてを表しています。

●申（サル）

次に申ですが、思念で読むと「遮り（サ）に、留まる（ル）もの」という意味になります。

「遮り」とは「口のあいていない子宮」のことで、しかも言葉で「さる」とは「去る」という意味。「子宮を去るもの」という意味が浮かび上がってきます！「遮りに留まっているが、必ず去るもの」……まさに「胎児」ですね。数霊では「28＋12＝40」、「新たなるもの、そのもの」となり「新生児の命」を示しています。また、漢字で読み解くと、「申＝日＋I」、根源から出る（日）モノが突き抜けて（I）統合（十）した形ですね！突き抜けたもの、その形は英語で「I（アイ＝私）」ですね。突き抜けてきますよ、私が！

I（私）＝eye（目）＝愛……。そしてそれが出産で外に示されると「示す申＝神＝天照大御神」となるのですね！「神」とは実は寿命という生命を充電され（ネ）て根源

（日）を貫いて出て来た「私（I）」という意味なのです。

しかし私たちは実際、自分が神として生まれ出た事実を知りません。人間とは、生まれた瞬間から、その事実を生涯をかけて発見する旅人であり、そしてそれを発見することが、それぞれの人生の目的なのかもしれません。

●酉（トリ）

トリの思念は「統合したものが離れる」です。いよいよ出産のときを迎えます。そして、数霊は「17＋8＝25」でふたたび「カ＝チカラ」です。これからは神の力と、胎児の力と母の力が作用します。

つまり生み出すチカラ。規則正しい陣痛（カ）がその流れを助けてくれます。「トリ」とはまさに「出産」という意味なのです。

神社をイメージしてみてください。神を祀る宮（子宮）をいよいよ離れるとき、前にあるのは産道（参道）ですね。

その先にあるのが鳥居。神社の構成は、命が通る道をそのまま再現してあるのです。

そして、鳥居とは、「出産（トリ）を、伝える（イ）もの」つまり「出口」なのです。

「酉」の漢字を読み解くと、一（ヒ＝根源から出て）、八＋ロ（ヤ＝身体が、空間内で飽和し、溢れ出しそうになっている）生命体。しかし、未だ、もうひとつ、通り抜けなければいけない「狭い仕切られた空間＝産道」が残っている状態を表しています。

●戌（イヌ）

イヌとは、「伝わるもの（身体）が突き抜ける」という意味です。つまり頭が子宮口を突き抜ける状態で、母子ともに、一番狭くて苦しい場面ですが、子宮口が開けばもう安心。あともうひと踏ん張り、というところです。

だから、犬は昔から安産の印に用いられてきたのですね。

数霊も「5＋39＝44」で、「44＝集まるもの」という意味です。

少しは広かった子宮からギューッと狭められ、絞られて、集まり、産道を抜けていきます。これも胎児の初めての呼吸には必要な試練なのでしょう。漢和辞典によると、「戌」の字音は「ジュツ」、つまり「内なる示し（ジ）が、湧き出て（ユ）集まる（ツ）」となり、思念や数霊とまったく同じ意味になります。赤ちゃんもお母さんももう少し、頑張れ！

●亥（イ）

最後に、イとは、伝わるモノ、つまり赤ちゃんの身体です。

身体が産道を通り抜けて、この世に見える瞬間を「亥」というのです。そしてこれが十二支の最終目的となります。

だから猪（亥）は、猪突猛進で止まりません。突進してきます。そして数霊は「5＝伝わるもの」です。

やっと産まれた。やっと抱きしめられる……という感じでしょう。そうしてこの身体は、生まれた瞬間から「巳」が「己」となって、寿命の扉が開き、消費する方向へ、滅びる方向へと留まることなく減り続ける命となるのです。

だから尊い、頂いた命、一瞬も無駄にしてはいけないのです。そして、この「亥」の字はいったい何を意味するかというと、すべてを生み出す根源、新たな生命の「核」が生まれたことを示しています。「亥」と「核」つながっていますね！　また、数の単位「亥

（ガイ）」も命を生み出すために必要な手順数などを表しているのかもしれません。

十二支のすべてを合わせた数霊が表す意味

それでは最後に、十二支のすべての数霊を足してみましょう。いくつになりますか？

46（子）＋42（丑）＋48（寅）＋19（卯）＋70（辰）＋3（巳）＋25（午）＋22（未）＋40（申）＋25（酉）＋44（戌）＋5（亥）＝389（ヱ・テコ）

答えは「389」……つまり「（すべての過程を経て）届き（38）、発信・放射して、転がり出るもの（9）」となりました。生命の誕生という意味ですね。

最後に出てきたのは亥（イ）のイノシシです。

カタカムナウタヒの第4首には、

イハトハニ　カミナリテ　カタカムナ　ヨソヤコト　ホグシウタ

とあります。意味は、

「イ＝亥（人間の生命）」が、永遠に神となって、発信・放射（テ）するのです。この「イ」の命の核（カタカムナ）から発せられる、48音（ヨソヤ）が、転がり出て、転がり入り、統合する（コト）音を、1音ずつほぐして、5首6首を歌いましょう。（ホグシウタ）」

と言って、次の5首6首では、日本語の元である48音が1音ずつ詠われています。**イとは人間の生命、そしてそれが神、その核（ココロ）から言霊48音が発せられている。それが神となってすべてを創造している**……という意味でしょうか？　すごいですね！

もしかしたら「人」という字は「イ」から作られたのではないでしょうか？　カタカナとカタカムナ文字を比較すると、カタカナは明らかにカタカムナの影響を受けていると考えられます。だとしたら、カタカムナ文字からカタカナができ、漢字になった可能性がありますね。なぜなら、私が読み解いてきたように漢字はカタカナに分解して読み解けるのですから。

いかがでしたか？

自分の干支は、命を生み出すどの過程に属するのかわかりましたか？　どれもこれもが重要で、十二支のどれが欠けても、命は実現しませんでした。慎重に大切にこれらすべてを経過したものだけが、この世に生を受けたのです。自分は、本当に尊い存在……それを感じるための干支だったのですね！

最後に「十二支（ジュウニシ）」の言葉そのものの数霊を見てみましょう。なんと「88」です。母（ハハ）とも読めます。永遠のトーラスマーク∞が2つです。生命はこうしてつながっていると言っています。1術化すると「16」そして「7」となり「転がり入り・転がり出る調和」となります。

また、人間の生命が発生する過程の十二分の一という印（干支）を持ってこの地球上に生まれてきた私たちの生命は、この地球が進化するために必要な十二分の一の役割をそれぞれが担って生まれてきているのかもしれません。

第6章

カタカムナ48音の数霊が伝えるメッセージ

「ヒフミのウタ」5首・6首を思念で読み解く

日本語声音48音の源であり、カタカムナの言霊、数霊のすべてですが、ここから起因するという「カタカムナウタヒ　第5首、第6首」を、思念と数霊で読み解きます。この2首は、拙著『カタカムナ言霊の超法則』でも一度、思念読みを掲載しましたが、実は、掘り下げるとどこまでも深く、完全に読み解くには、もっともっと長い時間がかかると思われるほど、深遠な内容を含んでいます。

とても重要な2首なので、私の初めての数霊の入門書として、本書にこのヒフミのウタ5首6首を、今回は主に数霊を使って、読み解いてみたいと思います。まず最初は、簡単に思念で読み解きます。

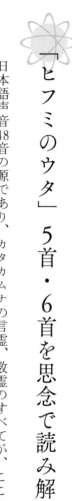

カタカムナウタヒ　第５首

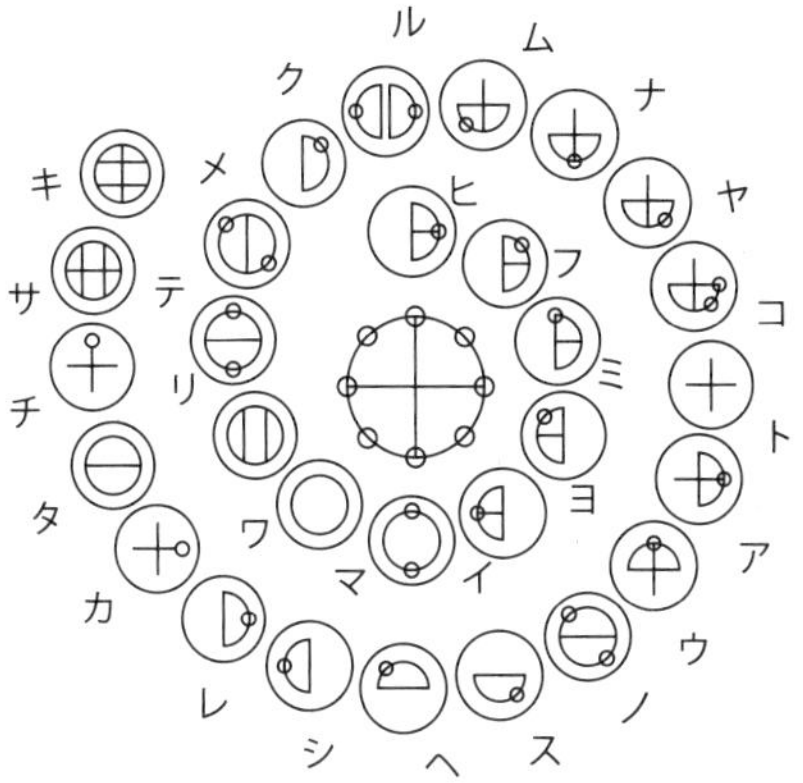

ヒ　↓　１　１次元のヒモが

フ　↓　２　２次元の膜になり

ミ　↓　３　３次元の実体・光の元（闇）ができる

ヨ　↓　４　４次元で光の元が振動し、移動し、陽のトキとなり

イ　↓　５　５次元でトコロの空間ができて、陰陽統合し、生命の種・光となる

計・・15

1次元から、5次元まででで光と闇ができ、時空間が生まれます。これがカタカムナで「モコロ」と呼ばれる「生命の種」であり、「陰陽」です。闇と光は、同じものですが、輝く空間を失って密になったものを「闇」と言い、空間の中で疎《まば》らになったものを「光」と言います。最後の「イ」となって現象化したものは、電子です。英語で電子を「e」と表しますね。イはeであり陰（マイナス）の意味を持っています。電子は光が作り出す空間です。

マ　↓　6　陰陽が、必要なものを受容して
ワ　↓　7　中心で調和して
リ　↓　8　両極（NとS）に分離し
テ　↓　9　発信・放射して
メ　↓　10　指向するものが
グ　↓　-11　引き寄り

ル　↓　12　それらを留める

計　‥　41（グは濁音のためマイナス11）

ヒフミからここまでは、宇宙の始まりから、地球の始まりを表現しているととらえると、理解しやすいかもしれません。光という物質ができると自転・公転し出します。この過程と同じように、並行して地球も生まれました。すべての物質現象が、この過程を経る相似象となっていて、量子から宇宙までがこの原理で同時進行していると考えられます。次はその光の地球が、原子や生命体を作り始める描写です。

ム　↓　13　地球の広がりの

ナ　↓　14　中心に

ヤ　↓　15　モコロ（陰陽）が飽和して

コ　↓　16　転がり入り、

ト　↓　17　統合して核ができる

計　‥　75

ここでは、光が陰陽粒子となって地球の核を作り、地球の核ができると同時に、核を持つ原子や分子などの物質ができることを表しています。

ア↓　18（原始的な）生命が
ウ↓　19　生まれ出て
ノ↓　20　時間をかけて
ス↓　21　一方方向に進み（寿命がなくなり）
ベ↓　−22　外側の（身体）
シ↓　23　示しが
レ↓　24　消失する（死亡する）
計：　１０３（べは濁音のためマイナス22）

初めての生命体が生まれて、寿命が尽き、生命が消失する場面です。実際はここまでの過程を何度も何度も繰り返し、進化していると思われます。

カ↓　25　すると、チカラ（重力）が
タ↓　26　分かれて
チ↓　27　凝縮した
サ↓　28　遮りの中に
キ↓　29　エネルギーが入る
計：　135
5首合計：　369

死亡した命の身体は割かれて（カタチサキ）崩壊し、その御魂の遮りの中（トーラスの穴）に振動している生命エネルギーが入ります。ここまでが5首で語られています。

カタカムナ　ウタヒ　第6首

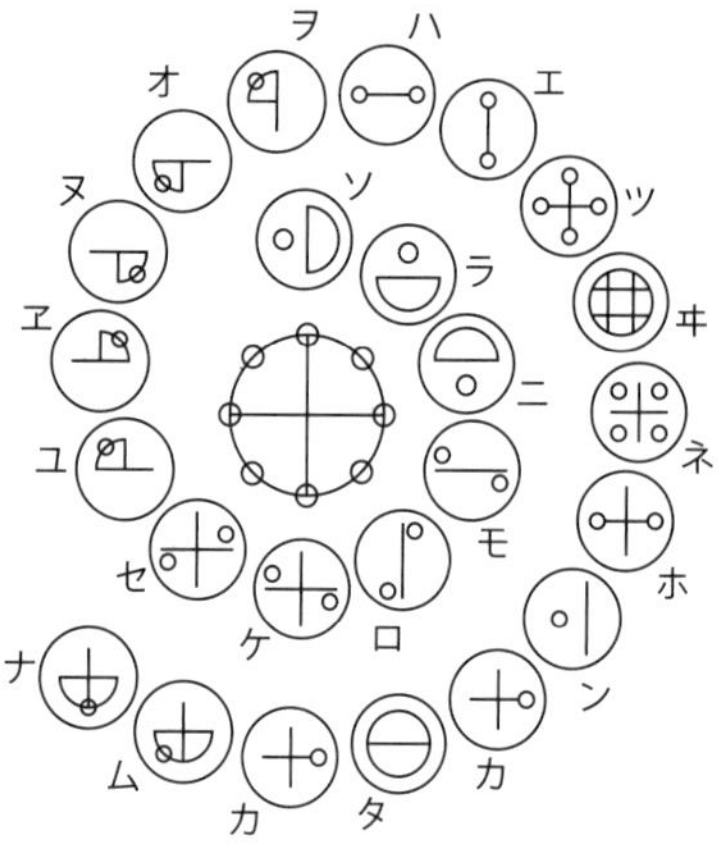

ソ　↓　30　地球の外れた

ラ　↓　31　ソラ（空）の場（電離層・バンアレン帯）で

ニ　↓　32　圧力を受けて

モ　↓　33　漂う

ロ　↓　34　空間となる

ケ　↓　35　（その周波数が）放出されると

セ　↓　36　（人間の精子の中に）受信される

計：　231

亡くなった生命は、霊（タマ）となり、地球の引力にとらわれて、バンアレン帯と呼ばれる電離層などの空間に漂っているようです。その霊は自分の振動数（周波数）を発信していますが、精子が命の受信機になっていて、チャネルが合うと受信されます。

ユ　↓　37　（精子が性交により）湧き出すと

ヱ　↓　38　（卵子に）届き

ヌ　↓　39　（卵殻を）突き抜くと

オ　↓　40　（核の）奥深くに

ヲ　↓　41　（新しい生命が）出現する

計：　195

ここからは、進歩した生命科学のおかげで、私たちが知識として知っている場面です。性交によって精子と卵子が結合し、父でも母でもない新しい命の核（ヲ）が生まれ出るところです。

ハ↓42（遺伝子・DNA）が引き合い
エ↓43（RNAへと）転写し
ツ↓44（たんぱく質が）集合して
ヰ↓45（子宮の中で）存在（＝胎児）となる
ネ↓46（寿命と生命力が）充電され
ホ↓47（陣痛といきみ、そして胎児の）大きな力で
ン↓48（母体から）「ポン」と引き離される

計：315
6首合計：741
48音のみの合計：1110

ここは、今ではCG映像でも見ることができますね。カッコ内の説明がなくても、この部分は、生命誕生の過程を表していると確信できます。

カタ↓　それらは、カタチあるものと
カム↓　カタチのないエネルギーの
ナ　↓　（時空間を）統合する核（ナ）から、生まれ出ている
計　∵　103
5首・6首、すべての合計　∵　1213

となります。なんと壮大な世界観でしょうか。そして、日本語の48音は、明らかに人間の生命の誕生を示唆していました。この思念読みを、数霊ではどう解き明かすのでしょうか？

「ヒフミのウタ」5首・6首を数霊で読み解く

それでは今度は5首、6首に分けて、「数霊」で読み解いてみたいと思います。

5首の数霊の節ごとの合計は、

ヒフミヨイ＝15：マワリテメグル＝41：ムナヤコト＝75：

アウノスベシレ＝103：カタチサキ＝135で、合計369です（ミロクですね）。

注意しなければいけないことは、メグルの「グ」とスベシレの「ベ」は、濁音になるため数霊はマイナスになっていることです。カタカムナは清音48音しかなく、濁音は表示されていませんが、私たちが使っている言葉には濁音や破裂音などが入ります。

外に現れた言葉として読み解くときには、濁音（マイナスの数霊）、破裂音（清音と同じプラスの数霊）などをつけた形で計算しなければ、意味が通じませんね。そして、5首の総合計「369」も読み解きに含みます。

それでは5首の節ごとの数字をそのまま読み解いてみます。

飽和して（15）、奥に出現した（41）、調和が伝わるものが（75）、統合する実体、カタカムナの（103）、広がりに伝わります（135）。これは、命を引き受ける核（36）が、転がり入ったもので、発信・放射します（9）。

5首では、命の核を持つ生命体が、外側に発信している状況を表しています。これが369という意味、つまり「369」とは、これから出てくる命です。

次に6首を数霊で読み解いてみます。6首の数霊は、
ソラニモロケセ＝231：ユヱヌオヲ＝195：ハエツヰネホン＝315：
合計は、48音に含まれない「カタカムナ」を除いて、**「741」**になるので、その合計数も含めて読み解きます。さて、どんな意味が出てくるのでしょうか？

示しが根源から生まれ出て（231）、生まれ出るものが伝わって（195）きます。この世の場に伝わった生命の（315）、その調和した核の、奥深くには、また、新しい命（741）が出現します。

という意味になります。最後の意味は、その生まれ出た新しい命が、また、次の命（41）をつないでいくという意味です。5首・6首をまとめてみると、奥深くに出現するモノ（ヲ＝41）は、新たな命です。今、今、今、という自分の新たな命でもあり、その生まれた命がまた、人類をつなぐ、子供の命を生み出すという意味でもあります。そうして、生命体から新しい命が次々と生まれ出て、引き継がれていくという過程を、48音で表していたんですね。そして5首・6首の合計数「1110」は、「それらすべての現象は、光そのものの反転により生じている」となります。最後のゼロ（0）は「そのもの」であり「反転する場」を意味するのでしたね。

まとめに、最後の「カタカムナ」の数霊もつけて読むと、

369 ＋ 741 ＝ 1110（48音のみ）

1110 ＋ 103 ＝ 1213 →次元数7

それ等すべて（1110）が、根源に引き寄り次々と生まれ出てくる光そのものであり、カタカムナが統合した光の実体（103）です。そしてそれらは、ゼロ空間（12）の広がり（13）、調和したもの（7）です。

となりました。いかがでしたか？　最初に言霊で読むと、すべての始まりが、人間の生命を生み出すためにあったことがわかりましたね。

次に数霊で読み解くと、その生命が生まれ出る仕組みが、数に組み込んでありました。

カタカムナ「ヒフミのウタ」恐るべしです！

しかし、これらの合計数「369」と「741」と「1110」には、それだけでは終わらない意味があるようです。

369といえば「ミロク」で、「741」は「核は41」と言っています。実はこの数字を意味するものがあるんです。それは「369魔方陣」といって、古くから日本の神道に受け継がれてきた数霊です。この魔方陣の中心核（7）は「41」になります。まさにカタカムナウタヒの合計数と同じ「369」と「741」。数字的にピッタリです。もし、カタカムナウタヒ5首6首が、この369魔方陣を示唆しているのだとすると、369魔方陣とはいったい何か？　なんとしても読み解かずにはいられません。難しいでしょうが、挑戦してみましょう！

カタカムナ「ヒフミのウタ」5首・6首の数霊が示唆する「369魔方陣」

数を思念で読むだけで、意味のあるメッセージがちゃんと現れるとは……。

これは、数が言葉として機能しており、そこには厳然たる法則があるということを物語っています。そして、5首・6首の数のメッセージとは……「369」と「741」と総合計数「1110」でした。これら3つの数字の塊を続けて読むと、

「369の調和する核（7）は41のヲ（=自分の新たな命）、

そして、それは次々と生まれ出る光（111）そのもの（0）」

３６９魔方陣

31	76	13	36	81	18	29	74	11	369
22	40	58	27	45	63	20	38	56	369
67	4	49	72	9	54	65	2	47	369
30	75	12	32	77	14	34	79	16	369
21	39	57	23	**41**	59	25	43	61	369
66	3	48	68	5	50	70	7	52	369
35	80	17	28	73	10	33	78	15	369
26	44	62	19	37	55	24	42	60	369
71	8	53	64	1	46	69	6	51	369
369	369	369	369	369	369	369	369	369	369

というメッセージが読み取れます。

「３６９魔方陣」とは、日本の神道に古くから伝わってきているらしいのですが、その謂《いわ》れや使用方法はよくわかっていません。とても不思議な数霊を持っており、この魔方陣を完全に読み解けば、宇宙の神秘がわかると考えられています。３６９魔方陣の不思議さは、今までいろいろと語りつくされているのですが、これらの数字がいったい、何を意味するのかを解き明かした人はいないのではないかと思います。

私自身も今回、読み解いてみて、すべての答えを見いだせたわけではありません。

本書では私が理解できた３６９魔方陣の大

きな動きだけをお伝えしたいと思います。

それでは、「369魔方陣」とはいったい何でしょうか？　探ってみましょう。

369魔方陣は、81個のマス目に「1から81」までの数字をすべて使って表されています。

そして、その方陣の中心にはカタカムナ　ヒフミのウタ5首・6首で示唆されていた「41」が現れているのです。「369」、「中心（7）が41」……まるで、カタカムナの48声音の数霊そのものなのです。

369魔方陣の数は、縦横斜め、どこを足しても「369」になり、全体が9個の数字からなる9つのブロックに分かれています。9個の正方形の中にある1桁の数字が、そのブロックを支配する次元数です。つまり、そのブロックの中の2桁の数を、それぞれ足して1桁化すると、そこにある9個すべての数が、その1桁の数字に集約されます。

ウタヒに出てきた「**41**」の数字が、この方陣の中心核になっていますね！

まさに「41＝ヲ（奥に出現する）」です。この中心の5のブロックだけ、9個の数字の合計数が「369」になります。

伊勢神宮の内宮は、この369魔方陣の数字によって構成されているというお話を聞いたことがあります。たとえば、内宮拝殿の芯柱は、41本で、長さは5尺、つまり中央の「5」の次元数です。拝殿の横幅は3丈6尺9寸、そして「369」とは天照大御神の数霊だそうです。また、中心の「41」の周りの5次元数、8コをすべて足すと「41×8」となり、そのひとつ外側のぐるりを足すと「41×16」となります。次のひとつ外側は「41×24」となり、最後の外周は「41×32」で、ぐるぐるとすべて41の倍数になっています。

ちなみに、「369」は「41×9」の数で、「ヒフミ（123）」は「41×3」の数になっています。41が意味のある数字の中心であることがわかりますね！

369魔方陣の下に隠されていた「カタカムナ神方陣（カミホウジン）」

「41」とは、明らかにカタカムナのナ（核）＝「14」の逆数です。カタカムナの中心には14があります。これは、つながっているはず……カタカムナの中心図象は「八咫鏡」で鏡です。14を鏡に写した数字「41」が、３６９魔方陣の中心となっているのは、カタカムナの世界を鏡写しにした結果ではないか？　カタカムナの世界は、３６９の世界と鏡合わせになっているのかもしれません。天照大御神の御神体は鏡です。この世が鏡の世界なら、３６９魔方陣を映し出しているカタカムナの核のほうに、元の方陣があるはずです。それは、カタカムナの14を中心とした方陣でしょう。41と14の差は「27＝凝縮」です。まずは３６９魔方陣のすべての数字から、「27」を引いて、凝縮させましょう。すると……。

図①マイナスを含む、このような方陣ができました。これを仮に「カタカムナ神方陣（カミホウジン）」と名づけます。なぜなら、中心が「カタカムナ」、そして魔方陣を鏡写しにすると、対極の「神方陣」が現れるはずですから……。このカタカムナ神方陣の数的特徴は、縦・横・斜めの合計数が「１２６」になることです。「１２６」とは「ゼロ

図①　カタカムナ神方陣

4	49	-14	9	54	-9	2	47	-16
-5	13	31	0	18	36	-7	11	29
40	-23	22	45	-18	27	38	-25	20
3	48	-15	5	50	-13	7	52	-11
-6	12	30	-4	**14**	32	-2	16	34
39	-24	21	41	-22	23	43	-20	25
8	53	-10	1	46	-17	6	51	-12
-1	17	35	-8	10	28	-3	15	33
44	-19	26	37	-26	19	42	-21	24

図②

24	-21	42	19	-26	37	26	-19	44
33	15	-3	28	10	-8	35	17	-1
-12	51	6	-17	46	1	-10	53	8
25	-20	43	23	-22	41	21	-24	39
34	16	-2	32	14	-4	30	12	-6
-11	52	7	-13	50	5	-15	48	3
20	-25	38	27	-18	45	22	-23	40
29	11	-7	36	18	0	31	13	-5
-16	47	2	-9	54	9	-14	49	4

＋

4	49	-14	9	54	-9	2	47	-16
-5	13	31	0	18	36	-7	11	29
40	-23	22	45	-18	27	38	-25	20
3	48	-15	5	50	-13	7	52	-11
-6	12	30	-4	14	32	-2	16	34
39	-24	21	41	-22	23	43	-20	25
8	53	-10	1	46	-17	6	51	-12
-1	17	35	-8	10	28	-3	15	33
44	-19	26	37	-26	19	42	-21	24

28	28	28	28	28	28	28	28	28
28	28	28	28	28	28	28	28	28
28	28	28	28	28	28	28	28	28
28	28	28	28	28	28	28	28	28
28	28	28	28	28	28	28	28	28
28	28	28	28	28	28	28	28	28
28	28	28	28	28	28	28	28	28
28	28	28	28	28	28	28	28	28
28	28	28	28	28	28	28	28	28

1	1	1	1	1	1	1	1	1
1	1	1	1	1	1	1	1	1
1	1	1	1	1	1	1	1	1
1	1	1	1	1	1	1	1	1
1	1	1	1	1	1	1	1	1
1	1	1	1	1	1	1	1	1
1	1	1	1	1	1	1	1	1
1	1	1	1	1	1	1	1	1
1	1	1	1	1	1	1	1	1

空間の広がり」という意味になり、中央「14」を含む9個の数の合計はまさに「126」になります。また、9個ずつの正方形の数の合計数は1桁化すると、「9・9・9・9・9・9・9・9・9」と9つのすべてのブロックが9になる方陣です。

図②今度は、この「カタカムナ神方陣」を2つ横に並べ、その間の側面に、鏡があると考えて、鏡面対象を作り出すため、上下逆さまにして足してみます。

2つの方陣の間に、鏡があるとすると、鏡の世界は、右と左が反対になった像が写っていますね。左右が入れ替わる

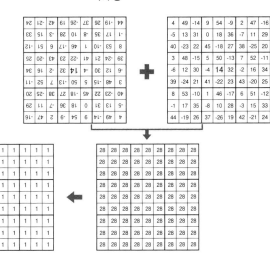

図③

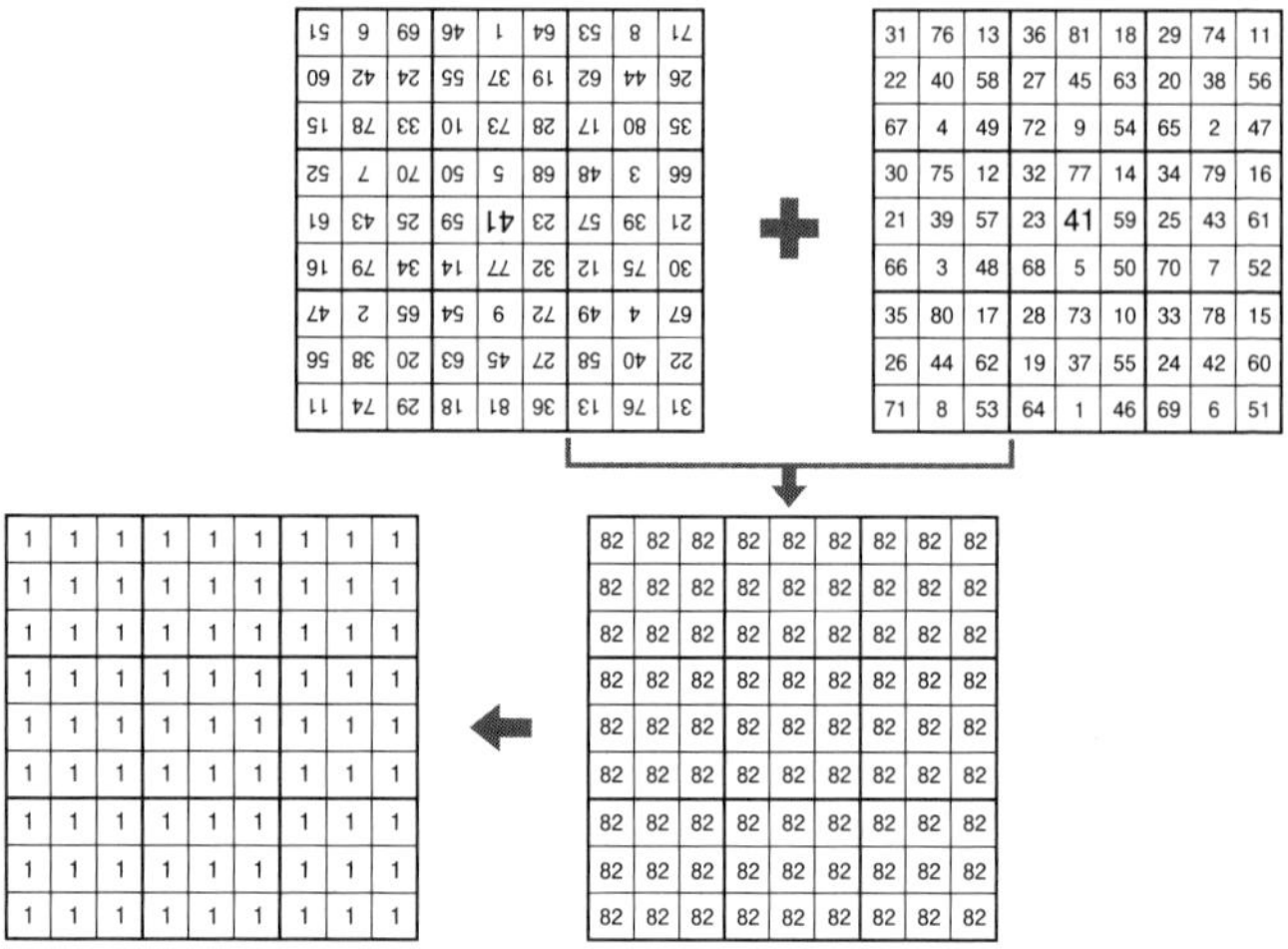

とは、方陣の上下が入れ替わることと同じになります。そしてそのまま折りたたむのではなく、同じ向きで重ねて、上と下の方陣のそれぞれの数を足していきます。するとすべての数が「28＝神」となりました。まさに神方陣です。また、「28＝サ（遮り）」という意味を持っているのでエネルギーは遮られ溜ります。1桁化すると「1・1・1……」となります。

図③次に、2つの369魔方陣も、鏡写しとするために、同様に上下逆さまにして足してみましょう！　今度は合計数がすべて「82＝開放」となりました。

図④

51	6	69	46	1	64	53	8	71
60	42	24	55	37	19	62	44	26
15	78	33	10	73	28	17	80	35
52	7	70	50	5	68	48	3	66
61	43	25	59	**41**	23	57	39	21
16	79	34	14	77	32	12	75	30
47	2	65	54	9	72	49	4	67
56	38	20	63	45	27	58	40	22
11	74	29	18	81	36	13	76	31

＋

4	49	-14	9	54	-9	2	47	-16
-5	13	31	0	18	36	-7	11	29
40	-23	22	45	-18	27	38	-25	20
3	48	-15	5	50	-13	7	52	-11
-6	12	30	-4	**14**	32	-2	16	34
39	-24	21	41	-22	23	43	-20	25
8	53	-10	1	46	-17	6	51	-12
-1	17	35	-8	10	28	-3	15	33
44	-19	26	37	-26	19	42	-21	24

2つを統合すると55に

55	55	55	55	55	55	55	55	55
55	55	55	55	55	55	55	55	55
55	55	55	55	55	55	55	55	55
55	55	55	55	55	55	55	55	55
55	55	55	55	55	55	55	55	55
55	55	55	55	55	55	55	55	55
55	55	55	55	55	55	55	55	55
55	55	55	55	55	55	55	55	55
55	55	55	55	55	55	55	55	55

全ての55を一桁化

1	1	1	1	1	1	1	1	1
1	1	1	1	1	1	1	1	1
1	1	1	1	1	1	1	1	1
1	1	1	1	1	1	1	1	1
1	1	1	1	1	1	1	1	1
1	1	1	1	1	1	1	1	1
1	1	1	1	1	1	1	1	1
1	1	1	1	1	1	1	1	1
1	1	1	1	1	1	1	1	1

1桁化すると「1・1・1・1」となります。

図④最後に、カタカムナ神方陣と369魔方陣を鏡合わせにして、同様に上下逆にして足してみたらどうなるでしょうか？ すべてが「55」となりました。

1桁化するとこれも「1・1・1・……」となります。

ここで、各方陣の中心数「14」と「41」の数と、最後に現れた「55」との関係を見ていきましょう。単純に「14＋41＝55」になりますね。

また、「14＝ナ」の数ですが、ヒフミ

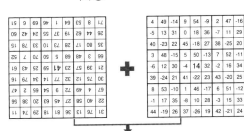

（1・2・3）を2乗して足すと「14」が現れます。

$1^2+2^2+3^2=14$　（ヒフミの2乗）

次に4と5（陰陽）の2乗は「41＝ヲ」になります。

$4^2+5^2=41$　（陰陽の2乗）

つまり1から5までの2乗数を足すと「55」になるのですね。55の数霊を持つ本質的な言葉は「ルシファー」でしたね（第3章参照）。

ルシファーの数霊ももう一度計算してみましょう。

$1^2+2^2+3^2+4^2+5^2=55$

ルシファー：12＋23＋2＋18＝55

もうひとつ、1から10までの数字を足すと、55になります。これにより、55はすべての数字を含んだ数ということになります。

1＋2＋3＋4＋5＋6＋7＋8＋9＋10＝55

「日月神示」の5に関するメッセージ

みなさんは、「日月神示」（またはヒフミ神示）と名づけられた神から降ろされたというメッセージをご存知ですか？　岡本天明という方が、自動書記といって、無意識状態で書き留めたものです。膨大な量があるのですが、その中の数字の「5」に関するメッセージ部分を少し見てみたいと思います。

【岡本天明氏のおろした「日月神示」から抜粋】

●元は5で固めたのぢゃ、天のあり方、天なる父は5であるぞ。それを中心として、ものが弥栄えゆく仕組、それを人民は自分の頭で引き下げて4と見たから行き詰って世界の【難ぢう】であるぞ。手や足の指はなぜに5本であるか、誰にも判るまいがな。

●天の5を地にうつすと地の五則となるのぢゃ、天の大神は指を折りて数へ給ふたのであるぞ、天の大神の指も五本であるから、それを五度折りて二十五有法となされ、五十をもととされたのぢゃ、神々、神心、神理、神気、神境であるぞ、この交叉弥栄は限りなし、これを五鎮と申すのであるぞ。上天、下地、照日、輝月、光星、これを五極と申すぞ。東木、南火、中土、西金、北水、これを五行と申す。裸物、毛物、羽物、鱗物、甲物を五生と申し、文則、武則、楽則、稼則、用則を五法と申すのぢゃが、それだけでは足りない、その中に　があるのぢゃ、大神がましますのぢゃ、人民の頭では中々に理解出来んなれど、理解して下されよ。これが妙であるぞ、奇であるぞ、天の父の教であり、地にうつした姿であるぞ。

●マコトの数を合せると五と五十であるぞ。中心に五があり、その周辺が五十となるのであるぞ。これが根本の型であり、型の歌であり、型の数であるぞ、摩邇（マニ）の宝珠（タマ）であるぞ、五十は伊勢であるぞ、五百は日本であるぞ、五千は世界であるぞ

とあります。まさに難解ですが、最後の「マコトの数を合せると五と五十であるぞ」と

の言葉は、カタカムナ神方陣と369魔方陣を逆に組み合わせた結果、出てきた数字は、「55」のことを示しているように感じます。マコトとは「魔が転がり入って（＝反転して）、（神と）統合した」数字と読めますね。これが「マコト」の数字だと言うのです。その通りになっています。

カタカムナの数霊で5、55という数字の解釈は、こうなります。

「5」とは「吾（われ）」の意味です。破字にすると「五＋口（空間）」となり「われ」とは五の空間（＝陰凹）で、その中の穴であるとなります。日月神示の波線が引いてある部分の空間がこの穴を表していると思われます。そしてそれが「大神がましますのぢゃ」と本当の神であると言っています。ということは、大神とは今の中にいる自分自身のことです。また、「55」とは、実は陰（5）と陽（4）が統合した結果、陽（4）に＋1（子）ができて、陰陽が「54」から「55」になるというメッセージだと思われます。

「5＋4＝9」の「9次元」世界から、統合しその核の中に生まれた新しい命「プラス1」の「10次元（55）」世界へと移行するのです。

また「十（ジュウ）」という思念は、「内なる示しが湧き出て生まれ出る」です。「＋1」が湧いてくるという意味にとれます。まさに「54」から「55」になるのです。

新しい命が生み出された図がすべて「55・55・55……」となり、1桁化すると、すべてが「111……」とひとつの命を産みます。すべてを足すと「81」になりますが、「8＋1＝9」の9次元世界では、9＝0となり、すべてはゼロになります。そうしてふたたび循環する……という宇宙の仕組みが表されているのです。

ここから垣間見える真実は、陰陽の統合とは「神」と「魔」が真に統合することだと考えられます。敵対ではなく統合、二元ではなく一元になることです。統合して善悪がなくなること。生まれてくる生命（1）とは、神と魔の両面を持った新しい生命です。排除すべき悪はそこにはなく、宇宙が循環し、かけがえのない生命を生み出すためのエネルギーの流れがあるだけです。こっちに向かってくるプラスになるものを私たちは善とし、失うものを悪と呼んでいたのですが、それは愚かだったことに気づきます。両面がある世界が命の世界なんですね！「神は遮りである」と私はこの本でお伝えしたことをみなさんは覚えていますか？

命の遮りが神だとすると、本当の神は子宮という命の遮りを持つ女性です。

イエス・キリストを例にとると、母、聖母マリアが神であり、悪魔と呼ばれるルシファーが父となります。そしてその神と悪魔の統合によって生まれた光の子が、キリストなんですね！　日本神界で言うと、母は、菊理姫（菊理姫の御霊を持ったセヲリツ姫）、父はスサノヲの命、そして光の子は天照大御神となります。高天原《たかまがはら》でのスサノヲの乱行により、梭（ヒ）で陰上（ホト）を突き刺して死んだ機《はた》織《お》り小屋の機織女とは瀬《せ》織《おり》津《つ》姫《ひめ》のことだと思われます。死んだのではなく、スサノヲと結ばれたのです。その結果、宿った新しい命の中に、太陽神、天照大御神が命の核として入られたのです。本当の太陽とは自分の命の中にあると第3章でお伝えしたと思います。その結果、天照大御神は、天石屋戸に籠《こも》られたとは、胎内の胎児の命に入られたということで、出てきた外の世界で、八咫鏡にご自分の姿を写されても、ご自分とは気づかなかった……という件《くだり》は、**私たち人間は、自分の命の中の太陽神の存在に気づかない状態で生まれ、生きているという事実を示している**ものと思われます。これは私が数霊や言霊で読み解いた結果、得た答えです。

それでは、カタカムナ神方陣と369魔方陣に話を戻しましょう。

魔とは開放するエネルギー、神とはチャージするエネルギーでしたね。その２つの循環によって生命は維持されているとすると、良いと思うことと悪いと思うことの両方が生命維持には不可欠だとわかります。憎み、忌避すべきものは何もなくなります。人間がこの本質に立てば、命を傷つけ合う争いや戦いはなくなり、深く憎しみ合うこともなくなるでしょう。

左廻りの渦と右廻りの渦

次に、このカタカムナ神方陣と、３６９魔方陣がどのように動き、循環しているのかを考えてみたいと思います。

カタカムナは⊕でしたね。この十字により○は４つの空間に区切られています。そのひとつずつの空間に交互にカタカムナ神方陣と３６９魔方陣を、先ほどと同じように対角線の位置に鏡合わせになるように上下逆さまに置きます。

実は、⊕で表されるカタカムナは、創造の御柱という２つのつながった逆渦の中心にある核です。左廻りの渦は、核にチャージするエネルギー（神方陣）を、右廻りの渦は、光

図⑤

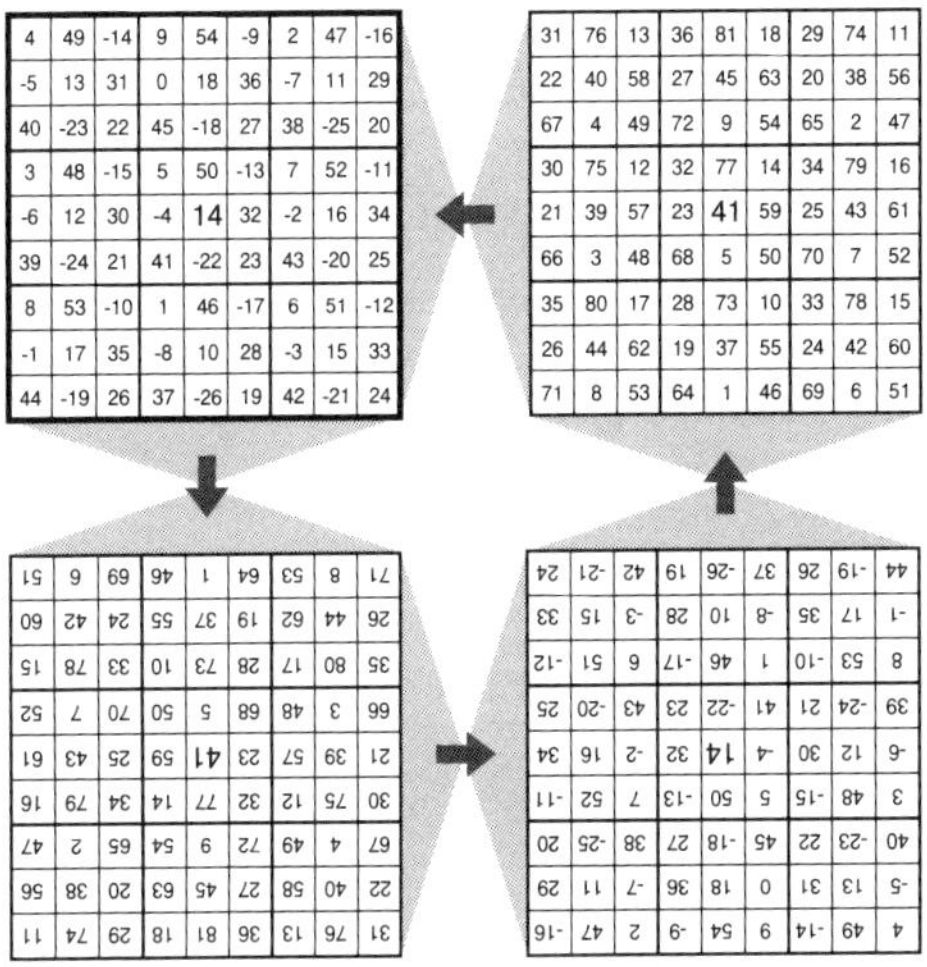

を外に開放する魔方陣の動きをしています。なぜなら「左」という字は「十＋エ」と分解でき「核のエネルギー」を、「右」は「ナ＋口」で「核の空間（光）」を表わすからです。核の内側から見ると、その渦は反対廻りになりますが、その２つの逆渦が、膨張（チャージ）と収縮（開放）を繰り返し、生命が生かされているのです。すなわち魔の消耗する力で私たちは生き、神の力で命をチャージしているのです。そのため、カタカムナ神方陣と３６９魔方陣をそれぞれ逆廻りに動かして、置かれた方陣と上下逆さまになるように重ね合せて置いていきます。

図⑥

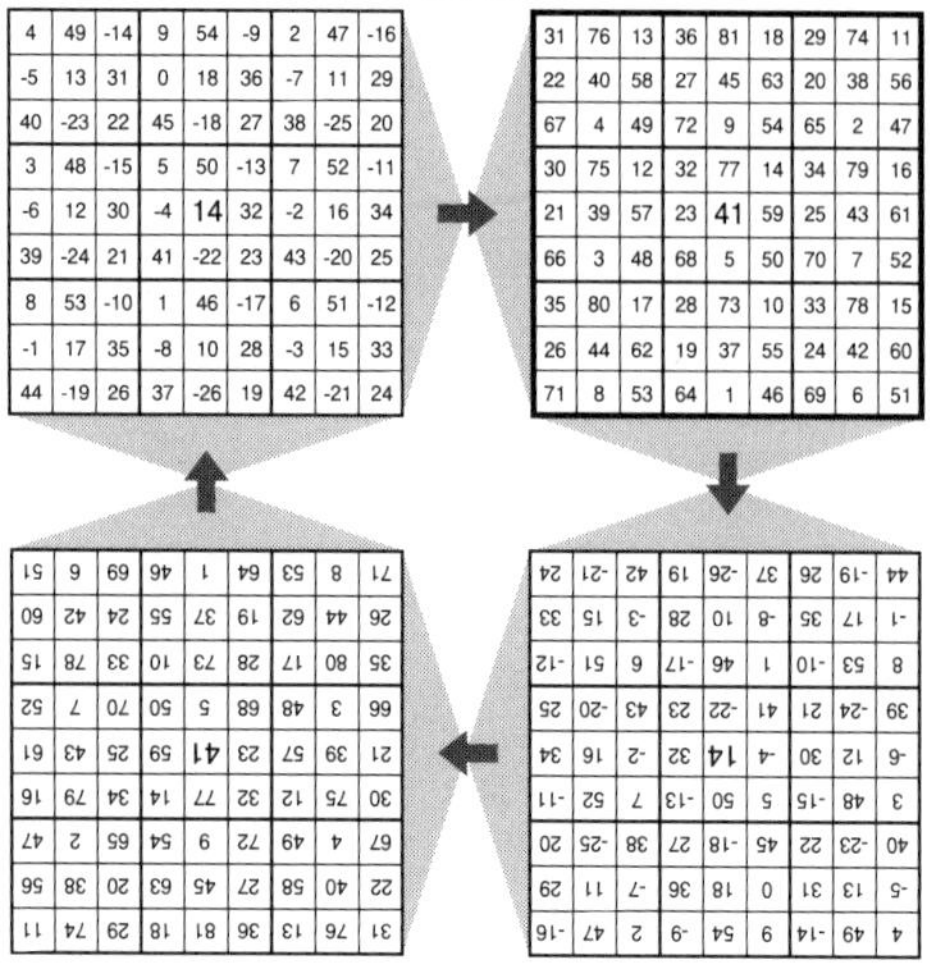

図⑤どうでしたか。神方陣左廻りが55（1）→28（1）→55（1）→28（1）の数字を作り出し、28の遮りのエネルギーにより「4＝陽」がチャージされ「+4」になります。

図⑥魔方陣右廻りが55（1）→82（1）→55（1）→82（1）の数字を作り出し、82の開放のエネルギーにより「4＝陽」が開放され「-4」になります。

まとめてみましょう。

カタカムナ神方陣と369魔方陣をそれぞれ逆に回転させると、28や55や82となってそれぞれ1桁化するとすべてが「1・1・1……」と、どのマス目も一になり、81個のマス目を足すと「81」になりましたね。81は1桁化すると「9＝0（レイ）」です。これが四つの方陣に、大きく転がり入った（コン）結果です。このことを言葉で表してみると「一霊四魂」となることに気がつきましたか？　そうです。「一が零になるもの（一霊）」が、反転して四つの方陣に転がり入る（四魂）」となり、全体では81でゼロになりますが、それぞれのマス目にはひと回りすると「1111」が重なって4になり、陽の生命エネルギーが出てきたのです。その「1111」の4が、「28＝サ（遮り）」のエネルギーを持って4になった陽の渦は、遮られてチャージされます。「82＝開放」の周りで4＝陽の渦になったエネルギーは、開いて解放されます。こうして、元栓が閉じたり開いたりして、膨張と収縮を繰り返し命は呼吸しているのです。

私は神道のことは、あまり詳しくありませんが、数と言葉で読み解くと、一霊四魂とはまさに、この命が創造されるメカニズムを言っているのだと思います。

閉まった状態を「元」と言います。「元」の漢字は「二十八（28）」ですね！　開いたときを「心」と言います。「心」の漢字は、少し崩れてはいますが「八十二（82）」でできているのがわかりますか？　神＝28（25＋3＝28）が元を閉め、次に神が裏返って（魔となって）心を開放しているのです。神といい、魔といっても、神の両面のことだったのです。

「カタカムナ神方陣」と「369魔方陣」に一霊四魂を見る

ここで、神道の一霊四魂について、簡単に見ていきましょう。

一霊(いちれい)

数と言霊だけで「一霊」を読み解くと、これは「1」になるものが「0=霊」であると言っていますね。まさしく2つの方陣の「1×81」は「ゼロ」になるということですね。

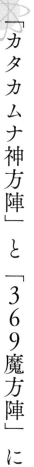

また、一霊を「直霊(ナオヒ)」とも言うそうですが、「ナオヒ」の数霊は、ナオヒ:14+40+1=55で、なんと「55」になります。出てきました! ルシファーです。「5+5=1」となります。

次に、四魂ですが、四魂は、一般的に「荒魂(勇)」、「奇魂(智)」、「幸魂(愛)」、「和魂(親)」と分けられるそうですが、その4つを、4つのカタカムナ神方陣と、369魔方陣の組み合わせに振り分けてみると、私は、次のように仮定できるのではないかと思います。

荒魂（あらみたま）：　魔方陣＋魔方陣＝82　↓　勇
奇魂（くしみたま）：　神方陣＋神方陣＝28　↓　智
幸魂（さきみたま）：　神方陣＋魔方陣＝55　↓　愛
和魂（にぎみたま）：　魔方陣＋神方陣＝55　↓　親

荒魂が、魔同士の統合だと思うのは、魔の解放エネルギーを持つものが統合すると、エネルギーは荒々しく勇ましくなると思うからです。次の奇魂は、神同士が統合することは、通常ではありえない、奇なることであり、最高の智をもたらす統合だと思うからです。

幸魂とは、神が魔を幸せにしたいと思う愛の統合を表し、和魂が親とは、魔が神を産み出した親にあたり、魔と神は一つに和合しているからです。

これは少し説明が必要です。魔とは間（子宮・心）の空間のことです。そのマの空間に入って陰陽が統合し振動エネルギーがチャージされ、この世に生まれ出て来る光の神が、天照大御神であり、西洋ではイエス・キリストにあたります。つまり魔（マ）が神を産んだ親になるのです。

魔という闇の中にこそ神の光は身ごもられる。どちらがより尊いのか……考えるとそれは、息を吸うことと息を吐くことのどちらがより尊いかを比較するのと同じです。

神と魔とは、もう比較すべき対称ではなく、ありがたき生命のシステムであるとしか言いようがないのです。

第7章

本質を知るとすべてが変わる

言霊と数霊のコラボで読み解くすごさ

関西のカタカムナセミナーで数霊で言霊を読み解く説明をしていたのですが、ある参加者が、「お話しのタイトルなども読み解けますか？　たとえば『まんじゅうこわい』という幼児向けの絵本があるのですが、このタイトルなども読み解けますか？」という質問をされました。

「まんじゅうこわい」というお話は落語の中に出てくる小噺《こばなし》で、ある男が怖いものは「まんじゅう」と周りの人に言います。彼を気に食わない人たちは、怖がらせてやれと、お金を出し合い、嫌いだというまんじゅうをどっさり買って、彼の部屋に入れます。彼は怖いから、早く食ってしまおうと全部食べてしまうという話です。本当は大好きなまんじゅうですが、怖いと本当に怖そうに話したら、みながそれを信じて、たらふく食べることができ、最後に今度は「濃いお茶がいちばん怖い」と言ったところでこのお話は終わります。思わずニヤリとしてしまう愉快なお話ですね。

「まんじゅうこわい」というこの小噺の意味が、数霊で読み解いて本当に出てくるのでしょうか？　質問を受けて、私自身も興味津々で、ホワイトボードに数霊を書き出し計算しました。

まんじゅう　↓　6＋48－23＋37＋19＝87（リ／ヤ・ワ／ナ）

まんじゅうの数霊は「87」になります。読み解きは「離れて飽和したものが調和した核」となりますね。これは、「あんこと皮という離れたものがいっぱい詰まって調和し一体となったもの」というまんじゅうの状態をピッタリと表現しています。

こわい　↓　16＋7＋5＝28（サ）

「こわい」とは、「28」で「サ＝遮り」です。怖いと感じたときに、とっさに自分の周りを、両手で囲い遮ろうとするイメージが浮かび、納得です。
それぞれの単語の数霊が、その本質をしっかりと表していますね。
ところが「まんじゅう」と「こわい」をつなげると、本当は「大好き！」「食べたい！」

という意味を言外に含んでいるわけですが、どうなるでしょうか？
計算してみましょう！
87＋28＝115（ク・イ）
です。これは「11＝ク（引き寄る）」となり「5＝イ（伝わるもの）」なので、合わせて読むと、「引き寄って伝わるもの」となります。それに出てきた数霊の音が「クイ（食い）」とは、面白すぎます。

それに「5」の数霊には、実はもうひとつ「穴」という意味がありましたね。日本の硬貨、5円、50円には穴があいています。これは、日本語の「イ＝5（陰凹）」が穴を意味するところから、その数霊、言霊の振動が、硬貨に穴を生み出したと考えられます。
私たちは、人間が創作するものは、人間のオリジナルで作っていると考えがちですが、実は、作り出そうとするものの振動を受け取って作り出しているのです。自分が何を作りたいか……という思いから、創作が始まります。創られるものと創る者、双方の振動の発信と受信が創作という行為なのです。この「引き寄って伝わるもの」の伝わり方は「穴に入って伝わる」という意味を言外に含んでいます。伝わるとは、そこに導管があるからでしょう。その穴とは、もちろん、この場合、口ですね！　やはり食べてしまいましたね。

今度は、カタカムナ48音の思念を使って、言霊だけで読み解いてみたいと思います。

まんじゅう　↓　受容そのものに、内なる示しが湧き出て生まれ出るもの

こわい　↓　転がり入って調和が伝わる

つなげて読むと、

「受容（容れ物）の内側に示しが湧き出て生まれるもの（まんじゅうの皮にあんこが詰まっている状態）が、転がり入って、自分と調和し伝わる（食べる）」

となりました。なんと「まんじゅう・食べる」となりましたね！

小噺の中で、人間も騙されたこの言葉「まんじゅうこわい」の本質を、数霊と言霊は、しっかりと見破っていました。人間は騙せても、言霊、数霊は騙せませんでした。

そのほかにも、例を挙げれば数限りがありません。

このように、言霊と数霊のコラボで読み解く技術を身につければ、すべてを見破ることができます。まさに鬼に金棒ですね。

読み解けば、正しいものの見方が身につき、真の自立につながる

言霊、数霊を正しく読み解くことができると、物事の本質をいつも見つめて生きることができます。たとえば、「愛」とは何か？　と考えてもなかなかひと言で言い表せないものですね。数霊と言霊で読み解いてみると、

愛（ア・イ）↓　18＋5＝23（シ＝示し）
愛（ア・イ）↓　感じるものが伝わること・生命を伝えること

となります。私たちは、一般的に「愛」とは、とても精神的なものだと思っていますが、

数霊で読み解くと、そうではなく、実際の「示し」だと言うのです。

どんなに愛していても、愛しているという感情を示さないと、愛は伝わらないのでしょうか？　言霊で読み解いても愛とは「自分が感じているものが、実際に相手に伝わること」となっています。やはり、自分の気持ちを実際に「示して」、「伝え」なければ愛とは言えないようです。また「ア」を「生命」と読むと「生命を伝えること」となります。男女間の生命を伝える行為が「セックス」であり、これを「愛し合う」と言いますね。

やはり愛とは物質的・肉体的行為なのでしょう。それでは、愛を示すとは、実際に接触する必要がありますね。何度も会う、手を握る、ハグし合う、スキンシップする、プレゼントを交換する。連絡し合う等々。


実際に、愛する人たちの行動を少し考えてみましょう。

恋人や愛し合っている男女は、やはり、連絡を取り合い、デートを重ね、お互いを知り合って、スキンシップをし、抱擁し統合したいと行動します。

愛し合っている親子はどうでしょうか？　お母さんは、赤ちゃんを抱っこし、おっぱいを与え、おんぶし、お風呂に入れ、おむつを替えます。笑って頬ずりをしますね。

お年寄りは、愛をどう感じるでしょうか？

優しい声をかけられ、笑顔で迎えられ、手を握り、歩行を助けてもらい、マッサージをしてもらう……そんな人たちがそばにいてくれるときに、愛されていると感じるのではないでしょうか？

やはり愛とは示しです。実際に触れ合うことなんですね。

子供を愛していると口では言いながら、それを示さない日常に愛は伝わりません。

夫婦でも同じです。

もし、愛とは示すこと触れ合うこと……とみなが心から理解し始めたら、世界のあちこちで笑顔が溢れ、優しい言葉が飛び交うのではないでしょうか。お互いがお互いを受け入れ始める。生きているこの世が愛で溢れます。なぜなら、人はみな愛されたいと願って生きているからです。しかし、その愛とは何か……ただ、私たちはその本質を知らなかっただけなのです。

私も残りの人生を、少しでも愛を示しながら生きていきたいと、この言葉の本質を読み解いて思っています。最後に愛を1桁読みでも読み解いてみましょう。23は「2＝振動する」「3＝実体（光）」となります。愛とは、自分の中の光が振動することだったのですね。

このように、今まで曖昧だった言葉を、数霊と言霊で読み解くことで、本当の意味を発見すれば、外見に騙されたり、うわべの言葉についていってしまうことがなくなります。

自分も、常に「本質」「本然」で生きる生き方を模索し始めるでしょう。そうすると、人生が変わり始めます。

命（イノチ）と生命（セイメイ）の違いは？

数霊、言霊の読み解きに熟達してくると、物事のつながりが見えてくるようになります。そうすると、わずかな違いも手にとるようにその差異を認識することができます。

たとえば、命（イノチ）というときと、生命（セイメイ）というときの違いは何でしょうか？　これは、大学の教授でも、なかなかわかりやすく答えることができない問題だと思います。それでは、数霊で読んでみましょう。

命（イ・ノ・チ）　↓　5＋20＋27＝52（イ・フ）

生命（セ・イ・メ・イ）　↓　36＋5＋10＋5＝56（イ・マ）

となります。命の場合は、「52＝イ・フ」となります。「伝わる振動」、つまり生きている鼓動のようなもの、「ドクドクドクドク……」という、生きている証の振動音ですね。これを「命」と呼んでいるのです。そこには肉体に関する情報は消えています。生きているトキそのものといった感じです。

一方、生命という場合は、「56＝イ・マ」となります。「伝わるモノの受容（容れ物）」、つまり「生きている身体」を言っています。数霊の声音が「イ・マ＝今」となっているのも面白いです。今、実在する生命体のことですね。だから病気になったり死んだりするときのために身体に掛ける保険は、「命（イノチ）保険」とは呼ばず、「生命（セイメイ）保険」というのですね。

テレビでも「こういう生命現象があった！」とか言っているときは、身体を持つ生きている何か……を示す現象が確認されたときに使いますね！

このように、言霊と数霊で、言葉の持つわずかな差異をも認識できるようになると、正

しいものの見方、考え方が身につきます。その結果、正しい判断力を持つに至るのです。いろいろ経験する中で、たとえ悪い結果が出たとしても、感情的に振り回されることはなくなり、どうすればいいか冷静に判断できるようになります。

言霊、数霊を知ると、物事を善悪で判断しなくなる

善と悪、正と邪、あなたと私などの二元論とはいったい何でしょうか？　物事の本質や現象自体に、善悪や正邪があるのでしょうか？

たとえば、大地震が起きたとします。それでたくさんの人命が失われ、家屋が損壊したとすれば、それらの被害を受けた人たちは、当然、悪いことが起こったと思い悲しむでしょう。周りの人たちも、同情します。それは人間として当然ですね。

しかし、私たち生命母体である地球の観点から見ると、地球内部に溜まった破壊的なエネルギーは、ある程度どこかに放出しないと、地球自体の存続に影響しかねません。

余分なエネルギーの放出は、自然現象として、健全な地球の営みの一部なのでしょう。

大きな観点から見ると、地球が安定することにより、その災害によって人類は救われた

とも言えますね。

こう考えると、災害や天災が悪いと判断しているのは、人間のほうの価値判断です。自分たちにとって、その一時の現象が都合がいいか悪いかを見ているのです。

ほかの現象でも、自分に都合のいいことが起こると「よし」とし、都合が悪いと「悪い」と感じて一喜一憂しているのですが、その善悪とは、本質的なものではないため、人によって、人種によって、国によって、生物によって……すべて判断が異なってきますね。

その判断の違い、つまり自分にとって都合がいいのか悪いのかで、人間は喧嘩をし、政党は言い争い、国同士は戦争まで起こしてきました。そして常に弱者は切り捨てられてきたのです。

しかし、言葉と数霊によって、善悪ではない本質を知るようになると、人は、だんだん、善悪で物事を見なくなります。その結果、争いは消え、常に本質を知るので、起こる現象をすべて受け入れて生きていこうとします。

たとえば、極端な例ですが、「地球崩壊」を数霊で読み解きます。

地球崩壊（チキュウ・ホウカイ）

チキュウ　↓　27＋29＋37＋19＝112（ク・フ）
ホウカイ　↓　47＋19＋25＋5＝96（コ／テ・マ／ム）
チキュウ・ホウカイ　↓　112＋96＝208（ノ・ヤ／リ）

となります。「地球」の数霊は「112」で「引き寄る振動」です。地球とは振動が引き寄ったものと出て、地震や火山活動が多いのも納得ですね。次に「崩壊」は「96」で「転がり入ったものが、発信・放射する受容の広がり」となり、これも内部からのエネルギーが、受容を粉々に拡散する感じが出ています。ところがこの2つをつなげた数霊は、「208（ノ・ヤ／リ）」となり、読み解くと、「時間をかけたものが飽和して離れる」……つまり「寿命が尽きる」と言っていることがわかります。

地球が滅びるとなると、人類はもちろん、大慌てになりますね。地球最後の日をテーマにした大パニック映画が過去、何本も上映されてきました。しかし、地球も生命体であると認識すると、寿命はいつか尽きるものです。そしてまた、どこかに新しく生まれ出てくる。それを繰り返しているのが、宇宙であり、生命だと知ると、私たちは、地球崩壊ですらただの善悪で判断しなくなります。

大パニックの先に、それぞれが残された時間を、どう生きるべきかに考え至るのではないでしょうか。一瞬一瞬がとてもいとおしく、パニックを起こす暇はないでしょう。地球が崩壊するときは「寿命が尽きた」ときなのですから。

嘘は必ずバレる！ 心からの叫び……それが数霊と言霊を創っている

言葉は、思いから出てきます。本当の思いが、言葉になって出てくるのです。と言うと、みなさんは、「でも人間は、常に本心を語っているとは限らない。むしろ本心を語っていないときのほうが多いのではないか」と仰る方がほとんどだと思います。それもそうですね。しかし、「嘘をつこう」とか「お世辞にこう言っておこう」とかいう気持ちが本心であれば、言霊と数霊で読み解けば、必ず「嘘をついている」「お世辞で言っている」という本心が現れてしまうのです。たとえ、相手は騙せても、言霊、数霊は騙せません。なぜなら、言霊と数霊は、実は、自分の心を読んでいるからです。

たとえば、ひと言「愛している！」と嘘をついたとしても、その人が語る次に重ねた言葉を次々に足すと、本当のことが出てきてしまいます。たとえば、「愛してる」「キレイだね」「大好きだよ」と続けて言ったとします。相手はその言葉を信じて嬉しくなるかもしれませんね。でも数霊で読み解いてみると、

愛してる　↓　18＋5＋23＋9＋12＝67（マ／ム・ナ／ワ）
キレイだね　↓　29＋24＋5－26＋46＝78（ナ／ワ・ヤ／リ）
大好きだよ　↓　-26＋5＋21＋29－26＋4＝7（ナ／ワ）
合計　↓　67＋78＋7＝152（ヤ・フ）

「愛してる＝67」で、「受容の広がりが、調和する」と出ます。いいですね！

「キレイだね＝78」で「調和が、飽和して離れるもの」これは美しさが調和して核から溢れ出る輝きです。

「大好きだよ＝7」で「核の調和」……。どれも肯定的な表現ばかりですが、合計すると、「152」となります。これは「ヤ／リ・フ」の思念をとります。思念は、

152（ヤ／リ・フ）↓「飽和して離れる増えるもの（振動）」

「飽和して離れる増えるもの（振動）」とはいったい何を意味しているのでしょうか？

これは「私の心の中のあなたに対する愛情はこれで満杯なので、これ以上は増えない。ドキドキトキメク余地もない」ということを示しています。つまり、この言葉がスラスラッと、ほかにまじりっけなく出てくる人の心は、その愛情に飽きがきていることを表しているのです。

もし、本当に、ココロから愛を叫びたい人の言葉には、もう少し何か違う表現が混ざるとか、違う言い方をするでしょう。そしてその合計を足すと、本心が伝わるようになっています。もちろん、それが相手の心に伝わるとは限りませんね。

相手が鈍感な場合は、本心ではない言葉にも、やはり一時的に騙されてしまいます。でも自分の心にはハッキリと伝わって刻まれるのです。私は真実を言っていない……と。

そしてその思いが、必ず現象化を生み出します。

嘘で、一時は騙せたとしても、必ず見破られるのですが、見破られるまでには時間差がある場合が多いのです。小さな嘘は比較的短期間にバレますが、大きな嘘ほど真実が表されるまでに時間がかかります。しかし、この原理を世界のみなが知るようになれば、人々は本当のことを語り始めるようになるでしょう。なぜなら、嘘がバレたときの恥ずかしさは耐えがたいからです。いっぺんに信用をなくしてしまいますね。そうなると世界に「真（マコト）」が通用するようになる。国家同士も、相手を疑って核開発したり、お互いに探り合って外交交渉をしたり、嘘をついたりしなくてもよくなるかもしれません。嘘は必ずバレる。この真理を知ることで、お互いがお互いの言うことを信用できるようになり、本音で語り合い始めるでしょう。

今は理想論に聞こえますが、必ずそうなります。

意識や思いを変えれば、違う現象が起き始める

いろいろとお伝えしてきましたが、この数霊、言霊の研究でわかったことは、現象を起こしているのは、実は、見えない人間の思いであるということです。

一人一人の思いのエネルギーが、言葉になり、数になり、空間を振動させ、そこでは容

赦のない思いの振動同士の闘いが繰り返されています。強烈な思いの振動を持つ波が、周りの弱小振動を飲み込み、支配し、自分の振動に共振させるという戦いが、常に繰り広げられているのです。

そこでは、強い思いを持った振動が常に勝ち、その思いを現象化させます。周りの弱小振動は、その強い思いの現象化のために共振させられ支援せざるをえない立場になるのです。

その結果、強い思いを持った人の願いは次々と実現していきます。これを私は「振動の法則」と呼びますが、この法則を「引き寄せの法則」と呼んでいる人たちもいます。

また、過去にも、現在にも、この法則を知って、自分たちの権力や富を得るために利用してきた一部の人たちや、団体がいたのも事実でしょう。

しかしこの「振動の法則」では、強いものが常に勝つのですが、自分の願いが叶ったからといっても、その人たちが幸せになるとは限りません。むしろ、共振させられた人の積もり積もって強くなった思いにより、そのあとに権力闘争が起きたり、富の奪い合いが起こることで、かえって不幸になる場合のほうが多いのではないでしょうか。

幸せになるためには、この振動の法則の奥にある「幸せの法則」を知って実践することが必要になってきます。どんな人でも人生の目的は幸せになることだと思います。

幸せの法則は、振動の法則の奥にあるものです。

それは、周りの人の微弱な振動と自分の思いを重ね一旦、受け取って、それを自分の強い振動で増幅させ、強烈な振動に変える手助けをするために振動の法則を使うことです。つまり周りの人の願いを叶えるために自分の振動に共振させるようにする。そうするとこの振動の法則は熾烈《しれつ》な戦いではなく、全体がひとつの美しい調和の振動を奏で始めます。そうなると今度は、願いが叶った周りの人たちの喜ぶ笑顔や感謝の言葉があなたを幸せにしてくれるはずです。心からの幸福感はそのときに感じることができるでしょう。「幸せの法則」とは、実はこの「振動の法則」を人のために使ったときに生まれるのです。

それでは最後に「振動の法則」と「幸せの法則」を数霊で読み解いてみましょう。

振動の法則（シンドウノホウソク）
↓23＋48－17＋19＋20＋47＋19＋30＋11＝200

幸せの法則（シアワセノホウソク）
↓23＋18＋7＋36＋20＋47＋19＋30＋11＝２１１

ビックリです。「振動の法則」の数霊は、「２００」、これは、「２＝フ」と「00」に分けると、徹底的な「２」だと言っています。つまり「ズバリ振動そのもの」という意味です。また2桁で読むと、「20（ノ）・０」で、それは「時間の経過そのもの」であると出ますね。振動とはトキそのものでしたね。振動により、トキを支配するという意味かと思います。

一方、「幸せの法則」のほうは、「２・11」と読むと「振動を引き寄せる」と出ます。私が、幸せの法則とは、「周りの振動を一旦引き寄せる」と言った通りです。振動を引き寄せると自分が振動し感動し、人生が充実してきます。充実感とは、どれほど感動したかです。また11を今と読むと、幸せの法則とは「振動する今」とでます。幸せは今感じるものなのでしょう。「11＝２」と読めば「２１１」は「２・２」となり、振動が次々と止むことなく起こることになります。今度は前2桁で読むと、「21・１」で引き寄った振動は、「一方方向に進んで根源から出る」となります。つまり、振動が循環し出すのです。そうなれば自分の幸せと人の幸せの区別がつかない状態で、一緒に共振を繰り返し始めますね！　溢れ出てきた光に誰もが包まれてしまうでしょう。これが平和へとつながる道だと私は思います。

2017年に入り、いよいよ世界のエネルギーの転換が始まっているようです。最後になりましたが、カタカムナの新しい動きをご報告させていただきます。

私が、カタカムナセミナーを全国で展開していく中で、カタカムナの生命至上主義を今、ふたたびこの地球に蘇らせよう！　というエネルギーが各地で高まってまいりました。

その大きなエネルギーを受けて、今年2017年1月11日、いわゆる「111」の光の日に、「私が光を抱いて反転を起こすトキ、私の光はあなたの世界を輝きで包む」というタイトルで、全国からカタカムナを探求する、総勢百名近くの人たちが伊勢に集合し、伊勢神宮を正式参拝しました。摂社《せっしゃ》である各地の神社で、お能の謡《うたい》を奏上していただき、磐笛・竹笛で磐座を蘇らせて回りました。最後に、天照大御神の力を持ち、111の数霊を持った平和の御子、「日本武尊」と「磐長姫」のお二人が、新しい日本の天皇の御霊となり、日本が世界の柱として、心の世界を外へと反転させ、平和を実現できますようにと、日本武尊が最後に白鳥になって飛翔したと言われる鈴鹿市の「白鳥塚古墳」で祈りを捧げました。私も代表者として次のような誓いの言葉を述べました。

「今日はここに天照大御神という太陽神の御霊を持つ人たちが集まっています。日本武尊、磐長姫の御霊と一人一人の太陽神がひとつとなり、富士の仕組みを今から始動させます。私たちの愛で地球を包んでまいります。本当の大和魂を私たちの心の中に蘇らせます。今ここに溢れんばかりの愛と真心を込めて、日本国国家、君が代を斉唱いたします。

2017年1月11日」

そして全員の溢れんばかりの愛を乗せ「君が代」が白鳥塚古墳に響き渡りました。すべてが終了し、バスに乗った直後、その日の夕刊を読んだ人から電話が入ったのです。それは「19年元日新天皇即位」というニュースでした。あまりに早い展開に、驚きの喚声がバス内に響きました。

私たちが伊勢に滞在した2日間は天候に恵まれ、美しい光が溢れ、輝いていました。実は、平和の祈りを捧げていたのは、伊勢だけではなかったんです。沖縄の那覇で、石垣島で、宮古島で、熊本で、福岡で、北海道で、それから日本各地で、カタカムナを学ぶ人たちが集い合って、心から世界の平和を祈り御神事を行ってくださっていました。この日大きな命のエネルギーの渦が地球上空に立ち昇り、世界を心で覆う柱となったことを私は確信しています。変化は意識を変えることでしか起こりません。意識の大きな変化が起こったので、これから世界に大きな変化が起こっていきます。日本が本当の「大和＝世界平和」魂を発揮するときが来ましたね！

おわりに――言葉の中にすべての答えがある

カタカムナのヒフミのウタ、48声音による数霊、そして言霊の使い方と読み解き方を、思いつくままお伝えしましたが、いかがでしたか?

この研究は、まだまだ途上のため、これから多くの人が実際に使うことによってより成熟した数霊になることと思います。この数霊が世の中に広がれば、私は必ず平和な世界を実現する大きな力になりえると感じています。

最初はなかなか会得しにくいところもあるとは思いますが、繰り返しお読みいただき、たくさんの言葉を数霊で読み解いて、感覚を磨いていただければと思います。

言葉の中には、すべての答えがあります。数は本質を常に語ってくれています。それを正しく読み取り、理解すれば、人類の大きな叡智となりうるはずです。言葉に聞けば、たくさんの誤解を解くこともできます。思いを偽ることができないと、世界の人たちが気づけば、やっと真が通じる世の中になるでしょう。多くの人により、これからのさらなる研究が待たれます。

この本を執筆するにあたり、編集者の武井章乃さん、精神科医の越智啓子先生ご夫妻には大変お世話になりました。また私のカタカムナセミナーに何度も何度も来ていただいた方々のあたたかい応援があったからこそ、この本を出版するに至ったと思います。

お世話になったみなさまに、この場をお借りして心から感謝の思いをお伝えし、筆をおきたいと思います。ありがとうございました！

吉野　信子

5.  イ ⑤ 伝わるもの・陰	6.  マ 受容・需要	7. 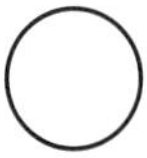 ワ 調和	8.  リ 離れる	9. 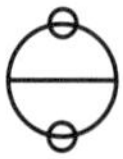 テ 発信・放射
14.  ナ ⑦ 核・重要なもの	15.  ヤ ⑧ 飽和する	16.  コ ⑨ 転がり入・出	17.  ト ⑩ 統合	18.  ア 感じる・生命
23.  シ 示し・現象・死	24.  レ 消失する	25. 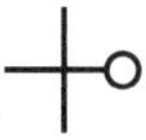 カ チカラ	26.  タ 分れる	27.  チ 凝縮
32.  ニ 圧力	33. 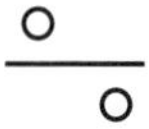 モ 漂う	34. 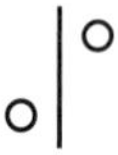 ロ 空間・抜ける	35. 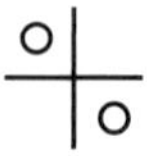 ケ 放出する	36. 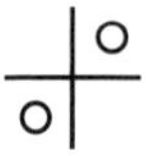 セ 引き受ける
41.  ヲ 奥に出現する	42.  ハ 引き合う	43.  エ うつる	44.  ツ 集まる	45.  ヰ 存在

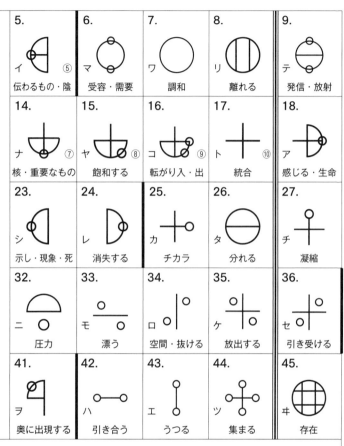

1 2 3 4 5　6 7 8 9 10 11 12　13 14 15 16 17　18 19 20 21 22 23 24　25 26 27 28 29
ヒフミヨイ　マワリテメグル　ムナヤコト　アウノスベシレ　カタチサキ

30 31 32 33 34 35 36　37 38 39 40 41　42 43 44 45 46 47 48
ソラニモロケセ　ユヱヌオヲ　ハエツヰネホン　**カタカムナ**

→　これら48音の響きが、物質・生命体**カタ**の、

その見えないチカラの広がり**カム**の、核**ナ**から出ています。

（注）　①～⑩までは、1次元から10次元まで表しています。
短い太いたて線は5字7字のウタの切れ目を表しています。

カタカムナ 48 音の思念（言霊）表

1. ヒ  ① 根源から出・入	2. フ  ② 増える･負（振動）	3. ミ  ③ 実体・光	4. ヨ  ④ 新しい・陽
10. メ  指向・思考・芽	11. ク  引き寄る	12. ル  留まる・止まる	13. ム  ⑥ 広がり
19. ウ  生まれ出る	20. ノ 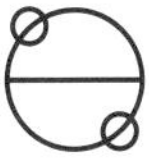 時間をかける	21. ス  一方へ進む	22. ヘ  縁・外側
28. サ  遮り・差	29. キ  エネルギー・気	30. ソ  外れる	31. ラ  場
37. ユ  湧き出る	38. ヱ  届く	39. ヌ  突き抜く・貫く	40. オ  奥深く
46. ネ  充電・充たす	47. ホ 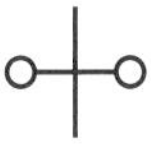 引き離す	48. ン  掛る音を強める	

ナ	タ	サ	カ	ア
核 重要なモノ ７次元	分かれる	遮り 差	チカラ	感じる 生命
ニ	チ	シ	キ	イ
圧力	凝縮	示し・現象 死	エネルギー 気	伝わるモノ 陰 ５次元
ヌ	ツ	ス	ク	ウ
突き抜く 貫く	集まる	一方方向に 進む	引き寄る	生まれ出る
ネ	テ	セ	ケ	エ
充電する 充たす	発信 放射	引き受ける	放出する	移る・写る・ 映る
ノ	ト	ソ	コ	オ
時間を かける	統合 10次元	外れる	転がり入る 転がり出る ９次元	奥深く
カ　タ　　カ　ム　　ナ				
チカラが分かれたモノ（物質・生命体）と、 そのチカラの広がりの核である				

カタカムナ48音の思念表（アイウエオ順）

ワ	ラ	ヤ	マ	ハ
調和	場	飽和する 8次元	受容 需要	引き合う
ヰ	リ		ミ	ヒ
存在	離れる		実体 光 3次元	根源から 出(入) 1次元
	ル	ユ	ム	フ
	留まる 止まる	湧き出る	広がり 6次元	増える 負(振動) 2次元
ヱ	レ		メ	ヘ
届く	消失する		指向 思考・芽	縁 外側
ヲ	ロ	ヨ	モ	ホ
奥に 出現する	空間 抜ける	新しい 陽 4次元	漂う	引き離す
ン				
掛る音の 意味を 強める				

			49.	50.	51.	52.	53.	54.
			転がり入って統合する	統合する	縮小する 減少する	伝わる振動	入ってくる	発動するもの
55.	56.	57.	58.	59.	60.	61.	62.	63.
伝わるものを伝える・生命の種	伝わる受容・広がり	伝わる調和	伝わるものが離れる	伝わるものが転がり入る	受容するもの	受容の広がりが出る・入る	受容の広がりが振動する	広がる実体
64.	65.	66.	67.	68.	69.	70.	71.	72.
放電する	受容の広がりが伝わる	次々と受容する	広がりが調和する	受容が離れる	広がりが発信・放射する	調和そのもの	調和したものが根源から分れて出る	膨張
73.	74.	75.	76.	77.	78.	79.	80.	81.
注入する	近づける	調和が伝わる	調和する広がり	次々と調和する核	調和が離れる	調和して転がり出る・入る	離れるもの	離れて根源から出る・入るもの
82.	83.	84.	85.	86.	87.	88.	89.	90.
開放 解放	出す 送る	中に入るチカラ	離れて伝わる	離れる受容	離れて調和する	飽和して次々と離れる	離れて転がり入る	発信・放射するもの
91.	92.	93.	94.	95.	96.	97.	98.	99.
中に入る	入るエネルギー	発信・放射を入れる実体	転がり出る新しいもの	転がり入って伝わるもの	発信・放射する広がり	転がり入って調和する	転がり入って離れる	次々と転がり入り転がり出る

カタカムナ数霊の思念表　1～99

1. ヒ	2. フ	3. ミ	4. ヨ	5. イ	6. マ	7. ワ	8. リ	9. テ
根元から 出・入	増える 負・振動	実体・光	新しい・ 陽	伝わる もの・陰	受容 需要	調和	離れる	発信 放射
10. メ	11. ク	12. ル	13. ム	14. ナ	15. ヤ	16. コ	17. ト	18. ア
指向 思考・芽	引き寄る	留まる 止まる	広がり	核・重要 なもの	飽和する	転がり 入・出	統合	感じる 生命
19. ウ	20. ノ	21. ス	22. ヘ	23. シ	24. レ	25. カ	26. タ	27. チ
生まれ 出る	時間を かける	一方へ 進む	縁 外側	示し 現象・死	消失する	チカラ （重力）	分れる	凝縮
28. サ	29. キ	30. ソ	31. ラ	32. ニ	33. モ	34. ロ	35. ケ	36. セ
遮り・差	出る エネル ギー・気	外れる	場	圧力	漂う	空間 抜ける	放出する	引き受け る
37. ユ	38. ヱ	39. ヌ	40. オ	41. ヲ	42. ハ	43. エ	44. ツ	45. ヰ
湧き出る	届く	突き抜 く・貫く	奥深く	奥に出現 する	引き合う	うつる	集まる	存在
46. ネ	47. ホ	48. ン						
充電する 充たす	引き離す	押し出す 力						

吉野 信子（よしの・のぶこ）

カタカムナ研究家。1952年生まれ、大阪府高槻市在住。日本航空国際線客室乗務員を経て結婚し、2男1女の母。1999年、シドニー在住時に、オーストラリアの通訳翻訳業国家試験（NAATI）に合格。以来、通訳、翻訳に従事しながら日本の源流である「カタカムナ」の研究に打ち込む。思念読みを体系化することに成功し、セミナー等で教えている。著書に『カタカムナ 言霊の超法則』がある。

【セミナー等の情報は下記オフィシャルサイトにて】
http://katakamuna.xyz/

カタカムナ　数霊の超叡智

数の波動を知れば、真理がわかる・人生が変わる！

第1刷　2017年3月31日

著　者　　吉野信子
発行者　　平野健一
発行所　　株式会社徳間書店
　　　　　東京都港区芝大門2-2-1　郵便番号105-8055
　　　　　電話　編集（03)5403-4344　販売（048)451-5960
　　　　　振替00140-0-44392
カバー印刷　真生印刷株式会社
本文印刷　三晃印刷株式会社
製本　　株式会社宮本製本所

ISBN978-4-19-864364-5